D1330351

TOUS LES PAYS DU MONDE

Tana
éditions

TOUS LES PAYS

DU MONDE

AU GRÉ DES PAGES...

géographie du pays
(une mosaïque de photos
« cartes postales »)

géographie sentimentale
(signée par un grand photographe)

les 192 pays classés selon
la codification internationale de l'ONU

un planisphère
pour localiser le pays
en un clin d'œil

l'hymne national

le drapeau

les données générales
(superficie, population,
capitale, langue...)

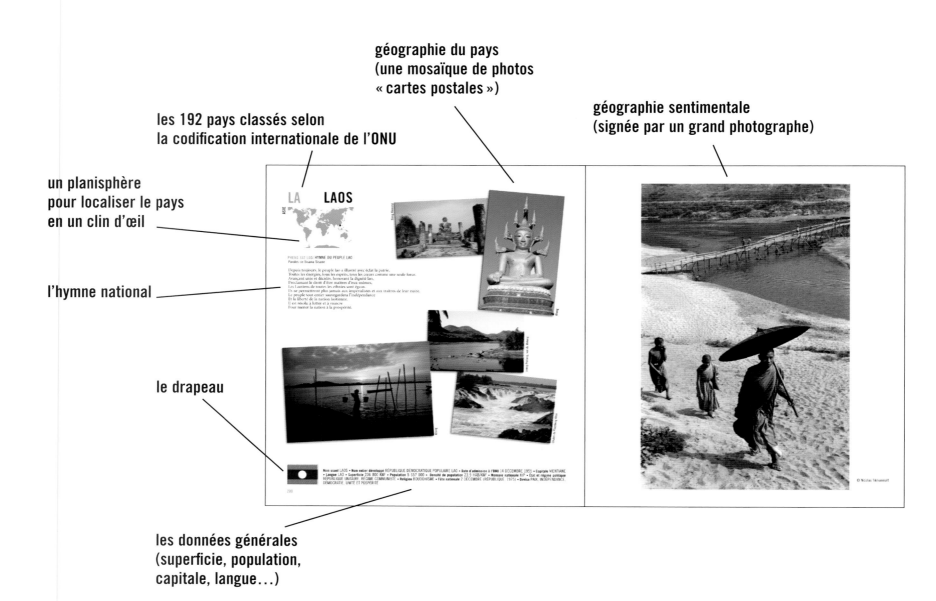

... UNE INVITATION AU VOYAGE

La photographie se propose d'être votre moyen de transport dans cette invitation au voyage. Les destinations seront multiples, la durée, elle, sera celle du temps d'un regard posé le long de ces pages. C'est un parfum de la planète que vous découvrirez, tenace et léger à la fois, fragile aussi. Un parfum qui évoque l'âme des hommes accrochée à leurs racines, à leur terre, à leur histoire.

Parmi les 192 pays membres de l'ONU, vous pourrez faire des arrêts sur image à votre guise, changer de continent, au gré de vos humeurs, de vos goûts, de vos souvenirs, au gré du plaisir des yeux. Les étapes pourront être plus ou moins longues, mais, à coup sûr, vous y reviendrez souvent...

Pour vous transporter, nous avons osé l'alliance de deux genres photographiques contrastés : la « carte postale » en couleurs pour une géographie du décor et le cliché en noir et blanc d'auteur, œil intimiste d'un homme sur d'autres hommes. Cette opposition est notre proposition ; ce mariage, nous le pensons audacieux car, si une catégorie de photos fréquente les musées et les regards avertis, l'autre, souvent timbrée, s'inscrit dans l'ordre du passage ou de l'éphémère. Rassemblées ici, si proches les unes des autres, unies dans un dialogue original, ces images vous feront voyager sans aucun doute.

Bon voyage.

L'éditeur

AD ANDORRE

EL GRAN CARLAMANY/LE GRAND CHARLEMAGNE
Paroles de Joan Benlloch i Vivó

Le Grand Charlemagne, mon père, nous délivra des Arabes,
Et du ciel me donna la vie de Meritxell notre mère.
Je suis née princesse héritière neutre entre deux nations,
Je reste la seule fille de l'empire de Charlemagne.
Croyante et libre onze siècles, croyante et libre je veux demeurer.
Que les fueros soient mes tuteurs et mes princes mes défenseurs,
Et mes princes mes défenseurs.

Nom usuel ANDORRE • **Nom entier développé** • PRINCIPAUTÉ D'ANDORRE • **Date d'admission à l'ONU** 28 JUILLET 1993 • **Capitale** ANDORRE-LA-VIEILLE • **Langues** CATALAN (OFF.), FRANÇAIS, ESPAGNOL • **Superficie** 468 KM² • **Population** 73 320 • **Densité de population** 156,6 HAB/KM² • **Monnaie nationale** EURO • **État et régime politique** COPRINCIPAUTÉ, RÉGIME PARLEMENTAIRE • **Religion** CATHOLICISME • **Fête nationale** 8 SEPTEMBRE (COURONNEMENT DE LA VIERGE DE MERITXELL, PATRONNE DE L'ANDORRE, 1278) • **Devise** L'UNION FAIT LA FORCE

AE   ÉMIRATS ARABES UNIS

Souk de l'or

ISHY BILADY/LONGUE VIE À MON PAYS
Paroles de Cheikh Abdullah Al Hassan

Vis mon pays ! Vive l'union de nos émirats !
Tu as vécu pour être une nation.
Sa religion est l'islam et son héritage le Coran.
Ta protection est entre les mains de Dieu, ô mon pays.
Mon pays, mon pays, mon pays, mon pays,
Dieu t'a protégé des malheurs du temps.
Nous avons juré de construire et de travailler,
De travailler avec fidélité. *(bis)*

Aussi longtemps que nous vivrons, nous serons fidèles, fidèles.
Que dure notre sécurité et que notre drapeau reste vivant.
Ô nos émirats, symboles de l'arabisme,
Nous nous sacrifions tous pour toi, nous t'offrons notre sang,
Nous nous sacrifions pour toi de toutes nos âmes, ô patrie !

Plage de Jumeirah

Mosquée chiite, Al Hudheiba

Traversée de chameaux de course

Jumeirah, Hôtel de la plage

Nom usuel ÉMIRATS ARABES UNIS • **Nom entier développé** ÉMIRATS ARABES UNIS • **Date d'admission à l'ONU** 9 DÉCEMBRE 1971 • **Capitale** ABU DHABI • **Langue** ARABE • **Superficie** 83 600 KM² • **Population** 2 995 000 • **Densité de population** 35,8 HAB/KM² • **Monnaie nationale** DIRHAM • **État et régime politique** FÉDÉRATION DE SEPT ÉMIRATS, MONARCHIES ABSOLUES • **Religion** ISLAM • **Fête nationale** 2 DÉCEMBRE (CONSTITUTION, 1971)

AF AFGHANISTAN

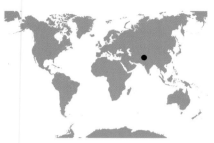

HYMNE SANS TITRE
Paroles de Mahmoud Farani

Rempart de l'Islam, cœur de l'Asie,
La terre d'Arya est éternellement libre.
C'est la patrie d'illustres héros,
La tranchée des guerriers de Dieu.

Dieu est grand, Dieu est grand !

Sur le champ de bataille de la guerre sainte, l'épée de sa foi
A rompu les chaînes de la tyrannie.
Le peuple libre d'Afghanistan a rompu
Les chaînes des coupables.

Dieu est grand, Dieu est grand !

Nos institutions suivent les lignes du Coran,
Le drapeau de la foi trône sur notre toit
Ensemble, à l'unisson, nous suivons le chemin
De la construction de l'unité nationale, notre objectif.

Dieu est grand, Dieu est grand !

Sois joyeuse, sois libre, sois prospère,
Ô patrie, dans la lumière de la loi divine
Brandis la torche de la liberté,
Guide le peuple désemparé.

Dieu est grand, Dieu est grand !

Village typique près de Kandahar

Lieu sacré, Hazrat Ali

Champ de pavots

Lacs Band-i-Amir

Montagnes Hindu Raj

Nom usuel AFGHANISTAN • **Nom entier développé** RÉPUBLIQUE D'AFGHANISTAN • **Date d'admission à l'ONU** 19 NOVEMBRE 1946 • **Capitale** KABOUL • **Langues** PACHTOU, DARI, OUZBEK, ETC. • **Superficie** 652 090 KM² • **Population** 23 897 000 • **Densité de population** 36,6 HAB/KM² • **Monnaie nationale** AFGHANI • **État et régime politique** RÉPUBLIQUE ISLAMIQUE • **Religion** ISLAM • **Fête nationale** 27 AVRIL (COUP D'ÉTAT 1978) • **Devise** ALLAH EST GRAND. IL N'EST DE DIEU QU'ALLAH ET MAHOMET EST SON PROPHÈTE

AG ANTIGUA-ET-BARBUDA

AMÉRIQUE

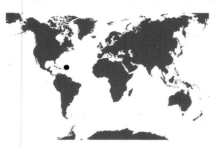

Habitation traditionnelle

Mer des Caraïbes

Port Anglais

FAIR ANTIGUA, WE SALUTE THEE/BELLE ANTIGUA, NOUS TE SALUONS
Paroles de Novelle Hamilton Richards

Belles Antigua et Barbuda !
Nous, tes fils et filles nous tenons debout
Forts et solides dans la paix ou le danger
Pour protéger notre terre natale
Nous nous engageons à construire
Une vraie nation courageuse et libre ;
Toujours à essayer, toujours à chercher,
Dans l'amour et l'unité.

Élevons l'étendard ! Élevons-le avec audace !
Répondons maintenant à l'appel du devoir
Au service du pays,
Ne ménageant rien, donnant tout ;
Prenons notre courage à deux mains
Et engageons la bataille contre la peur et la pauvreté,
Chaque effort, chaque réussite
Apporte la paix là où l'homme est libre.

Dieu des nations, que Ta bénédiction
S'étende sur cette terre qui est nôtre ;
Envoie-lui toujours pluie et soleil,
Remplis ses champs de récoltes et de fleurs ;
Nous, ses enfants, T'implorons,
Donne-nous force, foi et loyauté,
Sans jamais faiblir, en supportant tout
Pour défendre sa liberté.

Moulin à vent de l'époque coloniale

Nom usuel ANTIGUA-ET-BARBUDA • **Nom entier développé** ÉTAT D'ANTIGUA-ET-BARBUDA • **Date d'admission à l'ONU** 11 NOVEMBRE 1981 • **Capitale** SAINT JOHN'S • **Langue** ANGLAIS • **Superficie** 440 KM² • **Population** 73 000 • **Densité de population** 165,9 HAB/KM² • **Monnaie nationale** DOLLAR DES CARAÏBES ORIENTALES • **État et régime politique** MONARCHIE CONSTITUTIONNELLE, RÉGIME PARLEMENTAIRE, MEMBRE DU COMMONWEALTH • **Religion** ANGLICANISME • **Fête nationale** 1ER NOVEMBRE (INDÉPENDANCE, 1981) • **Devise** EFFORT INDIVIDUEL, SUCCÈS COLLECTIF

AL ALBANIE

RRETH FLAMURIT/AUTOUR DU DRAPEAU
Paroles d'Aleksander Stavre Drenova

Tous unis autour du drapeau,
Avec un même souhait et un même but,
Jurons sur notre honneur
De lutter pour notre salut.

Sauf celui qui est un traître-né
Échappe à la lutte,
Celui qui est brave n'est pas effrayé,
Mais tombe, martyr, à la cause.

Nous devons rester les armes à la main,
Pour défendre pouce par pouce notre patrie,
Nos droits ne seront pas spoliés,
L'ennemi n'a pas sa place ici !

Le Seigneur Lui-même a affirmé
Que les nations disparaîtraient de la terre,
Mais l'Albanie vivra,
Car c'est pour elle, pour elle que nous nous battons.

Ô drapeau, drapeau saint et sacré,
Nous faisons ici le serment
Pour l'Albanie, chère patrie,
Pour ton honneur et pour ta gloire.

Brave et valeureux est celui
Qui se sacrifie pour sa patrie.
Sur la terre, on s'en souviendra
Éternellement comme d'un saint.

Durrës

Mosaïque, Musée national de la culture, Tirana

Citadelle Skenderberg, Krujë

Borshi

Theth

Nom usuel ALBANIE • Nom entier développé RÉPUBLIQUE D'ALBANIE • Date d'admission à l'ONU 14 DÉCEMBRE 1955 • Capitale TIRANA • Langues ALBANAIS, GREC • Superficie 28 750 KM² • Population 3 166 000 • Densité de population 110,1 HAB/KM² • Monnaie nationale NOUVEAU LEK • État et régime politique RÉPUBLIQUE UNITAIRE, RÉGIME PARLEMENTAIRE • Religions ORTHODOXE, ISLAM • Fête nationale 29 NOVEMBRE (LIBÉRATION, 1944)

AM ARMÉNIE

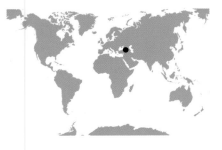

MER HAÏRÉNIK/NOTRE PATRIE
Paroles de Miqayell Ghazari Nalbandyan

Notre patrie, libre, indépendante,
Qui s'est maintenue de siècle en siècle,
Ses fils et filles proclament désormais
L'Arménie, souveraine et libre.
Ses fils et filles proclament désormais
L'Arménie, souveraine et libre.

Frère, prends cette bannière
Faite de mes propres mains
Pendant les nuits sans sommeil
Et baignée de mes larmes.
Pendant les nuits sans sommeil
Et baignée de mes larmes.

Regarde, elle a trois couleurs ;
Symbole consacré.
Puisse-t-elle étinceler devant l'ennemi,
Puisse l'Arménie prospérer toujours !
Puisse-t-elle étinceler devant l'ennemi,
Puisse l'Arménie prospérer toujours !

La mort est partout la même,
Chacun ne meurt qu'une fois,
Mais bénis soit celui qui donne sa vie
Pour défendre la liberté de son pays.
Mais bénis soit celui qui donne sa vie
Pour défendre la liberté de son pays.

Square de Lénine, Erevan

Paysage caucasien

Temple, Garni

Lac Sevan

Erevan et le mont Ararat

Nom usuel ARMÉNIE • **Nom entier développé** RÉPUBLIQUE D'ARMÉNIE • **Date d'admission à l'ONU** 2 MARS 1992 • **Capitale** EREVAN • **Langues** ARMÉNIEN (OFF.), RUSSE • **Superficie** 29 800 KM^2 • **Population** 3 061 000 • **Densité de population** 102,7 HAB/KM^2 • **Monnaie nationale** DRAM • **État et régime politique** RÉPUBLIQUE UNITAIRE, RÉGIME PRÉSIDENTIEL • **Religion** CHRISTIANISME • **Fête nationale** 21 SEPTEMBRE (INDÉPENDANCE, 1991)

AO ANGOLA

ANGOLA AVANTE !/EN AVANT, ANGOLA !
Paroles de Manuel Rui Alves Monteiro

Ô patrie, nous n'oublierons jamais
Les héros du quatre février.
Ô patrie, nous saluons tes fils
Qui sont morts pour notre indépendance.
Nous honorons le passé et notre histoire,
Comme par notre labeur nous construisons l'homme nouveau,
Nous honorons le passé et notre histoire,
Comme par notre labeur nous construisons l'homme nouveau,

En avant, Angola !
Révolution par le pouvoir du peuple !
Un pays uni, liberté !
Un peuple, une nation !

Élevons nos voix libérées
À la gloire des peuples d'Afrique.
Nous marcherons, combattants angolais,
En solidarité avec les peuples oppressés.
Nous combattrons fièrement pour la paix
Avec toutes les forces progressistes du monde.
Nous combattrons fièrement pour la paix
Avec toutes les forces progressistes du monde.

En avant, Angola !
Révolution par le pouvoir du peuple !
Un pays uni, liberté !
Un peuple, une nation !

Luanda

Vipère atheris squamiger

Cérémonie d'initiation

Pêcheurs sur le lac Luanda

Installations pétrolières, Luanda

Nom usuel ANGOLA • **Nom entier développé** RÉPUBLIQUE D'ANGOLA • **Date d'admission à l'ONU** 1ER DÉCEMBRE 1976 • **Capitale** LUANDA • **Langues** PORTUGAIS (OFF.), UMBUNDU • **Superficie** 1 246 700 KM² • **Population** 13 625 000 • **Densité de population** 10,9 HAB/KM² • **Monnaie nationale** KWANZA • **État et régime politique** RÉPUBLIQUE UNITAIRE, RÉGIME SEMI-PRÉSIDENTIEL • **Religions** CHRISTIANISME, DIVERSES CROYANCES TRADITIONNELLES • **Fête nationale** 11 NOVEMBRE (INDÉPENDANCE, 1975) • **Devise** L'UNION FAIT LA FORCE

AR ARGENTINE

Lac Nahuel Huapi, Rio Negro, Neuqén

HIMNO NACIONAL ARGENTINO/HYMNE NATIONAL ARGENTIN
Paroles de Vicente Lopez y Planes

Écoutez, mortels, le cri sacré :
Liberté, liberté, liberté !
Écoutez le bruit des chaînes brisées
Voyez sur son trône la noble égalité.
Et à son digne trône nous avons ouvert
Les provinces unies du Sud.

Et les peuples libres du monde répondent :
Salut au grand peuple argentin !
Salut au grand peuple argentin !

Et les peuples libres du monde répondent :
Salut au grand peuple argentin !
Salut au grand peuple argentin !

Que les lauriers soient éternels
Que nous avons su conquérir.
Vivons couronnés de gloire
Ou jurons de mourir glorieusement.

Forêt, Misiones

Rives du Rio de La Plata, Buenos Aires

Salines, Jujuy

Ischigualasto

Nom usuel ARGENTINE • **Nom entier développé** RÉPUBLIQUE ARGENTINE • **Date d'admission à l'ONU** 24 OCTOBRE 1945 • **Capitale** BUENOS AIRES • **Langue** ESPAGNOL • **Superficie** 2 780 400 KM² • **Population** 38 428 000 • **Densité de population** 13,8 HAB/KM² • **Monnaie nationale** PESO ARGENTIN • **État et régime politique** RÉPUBLIQUE FÉDÉRALE, RÉGIME PRÉSIDENTIEL • **Religion** CATHOLICISME • **Fête nationale** 25 MAI (RÉVOLUTION, 1810) • **Devise** DANS L'UNION ET LA LIBERTÉ

AT AUTRICHE

LAND DER BERGE, LAND DER STRÖME/
PAYS DES MONTAGNES, PAYS DES FLEUVES
Paroles de Paula von Preradovic

Pays des montagnes, pays des fleuves,
Pays des champs, pays des cathédrales,
Pays des marteaux, riche d'avenir.
De grands fils tu es la patrie,
Peuple, doué pour la beauté,
Autriche, maintes fois louée ! *(bis)*

Farouchement disputée, violemment convoitée,
Tel un cœur puissant
Tu es placée au centre du continent.
Depuis les temps lointains de tes ancêtres
Tu as porté le fardeau d'une haute destinée,
Autriche, maintes fois éprouvée. *(bis)*

Courageux vers des temps nouveaux,
Libres et croyants, tu nous vois avancer,
Joyeux au travail et riches en espoir.
Unis dans des chœurs fraternels,
Laisse-nous, ô patrie, te jurer fidélité,
Autriche bien-aimée. *(bis)*

Going dans le Tyrol

Bibliothèque baroque de l'abbaye d'Admont, Styrie

Hallstatt, Haute-Autriche

Palais du Belvédère, Vienne

Salzbourg

Nom usuel AUTRICHE • **Nom entier développé** RÉPUBLIQUE D'AUTRICHE • **Date d'admission à l'ONU** 14 DÉCEMBRE 1955 • **Capitale** VIENNE • **Langue** ALLEMAND • **Superficie** 83 860 KM² • **Population** 8 116 000 • **Densité de population** 96,8 HAB/KM² • **Monnaie nationale** EURO • **État et régime politique** RÉPUBLIQUE FÉDÉRALE, RÉGIME PARLEMENTAIRE • **Religion** CATHOLICISME • **Fête nationale** 26 OCTOBRE (VOTE DE LA NEUTRALITÉ PERMANENTE, 1955) • **Devise** IL APPARTIENT À L'AUTRICHE DE RÉGNER SUR L'UNIVERS

AU AUSTRALIE

La Grande Barrière de corail

Panneaux de signalisation

ADVANCE AUSTRALIA FAIR/EN AVANT BELLE AUSTRALIE
Paroles de Peter Dodds McCormick

Australiens, réjouissons-nous tous,
Car nous sommes jeunes et libres ;
Nous avons un sol en or et de la richesse pour travailler,
Notre foyer est ceint par la mer ;
Notre terre abonde de dons de la nature
D'une beauté rare et riche ;
Présente à chaque page de l'histoire
En avant belle Australie !
Dans l'épreuve pleins de joie chantons,
En avant belle Australie !

Sous notre rayonnante Croix du Sud,
Nous travaillerons avec nos cœurs et nos mains ;
Pour faire de notre Commonwealth
Le plus renommé de tous les pays ;
Pour ceux qui sont venus d'au-delà des mers
Nous avons des plaines sans limites à partager ;
Avec courage rassemblons-nous
Pour faire progresser notre belle Australie.
Dans l'épreuve pleins de joie chantons,
En avant belle Australie !

Sydney

Mont Olga

Kangourou rayé, Alice Springs

Nom usuel AUSTRALIE • **Nom entier développé** COMMONWEALTH D'AUSTRALIE • **Date d'admission à l'ONU** 1er NOVEMBRE 1945 • **Capitale** CANBERRA • **Langue** ANGLAIS • **Superficie** 7 741 220 KM² • **Population** 19 731 000 • **Densité de population** 2,5 HAB/KM² • **Monnaie nationale** DOLLAR AUSTRALIEN • **État et régime politique** FÉDÉRATION DE SIX ÉTATS ET DEUX TERRITOIRES, RÉGIME PARLEMENTAIRE DE TYPE BRITANNIQUE • **Religions** CATHOLICISME, ANGLICANISME • **Fête nationale** 26 JANVIER (« AUSTRALIA DAY » : ARRIVÉE DE LA PREMIÈRE FLOTTE ANGLAISE À SYDNEY, 1788)

AZ AZERBAÏDJAN

AZERBAYCAN MARSI/MARCHE DE L'AZERBAÏDJAN
Paroles d'Ahmed Javad

Azerbaïdjan ! Azerbaïdjan !
Ô pays chéri, tes enfants sont des héros,
Nous sommes prêts à donner cœur et âme pour toi.
Nous sommes prêts à verser notre sang pour toi.
Vis heureux sous ton drapeau aux trois couleurs ! *(bis)*
Des milliers d'âmes ont été sacrifiées pour toi !
Ton territoire est devenu un champ de bataille !
Chacun de ses soldats qui a donné sa vie
Est devenu un héros !
Puisses-tu devenir un jardin florissant,
Nous sommes prêts à donner cœur et âme pour toi !
Mille et une paroles affectueuses dans mon cœur !
Toute la jeunesse est impatiente
De brandir ta bannière
Et de protéger ton honneur !
Terre chérie ! Terre chérie !
Azerbaïdjan ! Azerbaïdjan ! Azerbaïdjan ! Azerbaïdjan !

Île artificielle « Naft Dachlari » (« les pierres du pétrole »)

Vente de tapis, Bakou

Taza Pir

Bakou

Gravures dans la roche, Garbistan

Nom usuel AZERBAÏDJAN • **Nom entier développé** RÉPUBLIQUE AZERBAÏDJANAISE • **Date d'admission à l'ONU** 2 MARS 1992 • **Capitale** BAKOU • **Langues** TURC (OFF.), RUSSE • **Superficie** 86 600 KM² • **Population** 8 370 000 • **Densité de population** 96,7 HAB/KM² • **Monnaie nationale** MANAT • **État et régime politique** RÉPUBLIQUE FÉDÉRALE, RÉGIME PRÉSIDENTIEL • **Religions** ISLAM, ORTHODOXE • **Fête nationale** 28 MAI (INDÉPENDANCE, 1918)

BA BOSNIE-HERZÉGOVINE

HYMNE SANS PAROLES

Mosquée Hadji Alija, Pocitel

Mostar

Marché principal de Bascarsija, Sarajevo

Quartier biscenca, Mostar

Colline des Apparitions, Medjugorje

Nom usuel BOSNIE-HERZÉGOVINE • **Nom entier développé** BOSNIE-HERZÉGOVINE • **Date d'admission à l'ONU** 22 MAI 1992 • **Capitale** SARAJEVO • **Langues** BOSNIAQUE, SERBE, CROATE (UNE MÊME LANGUE) • **Superficie** 51 130 KM² • **Population** 4 161 000 • **Densité de population** 81,4 HAB/KM² • **Monnaie nationale** MARK CONVERTIBLE • **État et régime politique** RÉPUBLIQUE FÉDÉRALE (DEUX ENTITÉS AUTONOMES : FÉDÉRATION DE BOSNIE-HERZÉGOVINE, CROATO-BOSNIAQUE, ET RÉPUBLIQUE SERBE, RÉGIME EN TRANSITION DÉMOCRATIQUE • **Religions** ISLAM, ORTHODOXE • **Fête nationale** 1ER MARS (INDÉPENDANCE, 1992)

BB BARBADE

IN PLENTY AND IN THE TIME OF NEED/
DANS L'ABONDANCE COMME EN PÉRIODE DE BESOIN
Paroles d'Irving Louis Burgie

Dans l'abondance comme en période de besoin,
Quand cette belle terre était jeune,
Nos courageux aïeux ont planté la graine
D'où notre fierté surgit,
Une fierté qui sait résister
À toute vantardise gratuite,
Qui lie nos cœurs d'une côte à l'autre :
La fierté de la nation.

Nous les loyaux fils et filles
Faisons bien savoir
Que ces champs et ces collines
Nous appartiennent de manière irrévocable.
Nous écrivons nos noms sur la page de l'histoire
Avec un immense espoir,
Fidèles gardiens de notre héritage,
Solides artisans de notre destin.

Le Seigneur a été le guide de notre peuple
Ces trois cents dernières années.
Avec Lui toujours aux côtés du peuple,
Nous n'avons ni doute ni peurs.
En haut et en avant nous irons,
Inspirés, triomphants, libres,
Et notre nation deviendra plus grande
Dans la force et l'unité.

Nous les loyaux fils et filles
Faisons bien savoir
Que ces champs et ces collines
Nous appartiennent de manière irrévocable.
Nous écrivons nos noms sur la page de l'histoire
Avec un immense espoir,
Fidèles gardiens de notre héritage,
Solides artisans de notre destin.

Panneaux de direction

Bateaux colorés, baie d'Oistin

Plage à Saint-Joseph

Rue Nelson, Bridgetown

Cultures près de Speightstown

Nom usuel BARBADE • **Nom entier développé** BARBADE • **Date d'admission à l'ONU** 9 DÉCEMBRE 1966 • **Capitale** BRIDGETOWN • **Langue** ANGLAIS • **Superficie** 430 KM² • **Population** 270 000 • **Densité de population** 627,9 HAB/KM² • **Monnaie nationale** DOLLAR DE LA BARBADE • **État et régime politique** ÉTAT UNITAIRE, RÉGIME PARLEMENTAIRE • **Religions** PROTESTANTISME, ANGLICANISME • **Fête nationale** 30 NOVEMBRE (INDÉPENDANCE, 1966) • **Devise** FIERTÉ ET TRAVAIL

BD **BANGLADESH**

Rickshsaws, Dacca

Voilier traditionnel sur le Brahmapoutre

Chittagong Hill Tracts

Plantations de thé, nord-est

Temples hindous à Tangail

AMAR SONAR BANGLA/MON BENGALE DORÉ
Paroles de Rabindranath Tagore

Mon Bengale doré, je t'aime.
Pour toujours, tes cieux, ton air font chanter
Comme une flûte mon cœur.
Au printemps, ô ma mère, le parfum de tes vergers de manguiers
Me transporte de joie,
Ah, quel vertige !

À l'automne, ô ma mère,
Dans les rizières dorées,
J'ai vu se propager partout de doux sourires !
Ah, quelle beauté, quelles nuances, quelle affection
Et quelle tendresse !
Quelle douceur as-tu étendu au pied des banians
Et le long des berges des rivières !

Ô ma mère, les mots qui sortent de tes lèvres
Sont comme un nectar à mes oreilles !
Ah, quel vertige !
Si la tristesse, ô ma mère, jette un voile sur ton visage,
Mes yeux se remplissent de larmes !

Nom usuel BANGLADESH • **Nom entier développé** RÉPUBLIQUE POPULAIRE DU BANGLADESH • **Date d'admission à l'ONU** 17 SEPTEMBRE 1974 • **Capitale** DACCA • **Langues** BENGALI, ANGLAIS • **Superficie** 144 000 KM² • **Population** 146 736 000 • **Densité de population** 1 019 HAB/KM² • **Monnaie nationale** TAKA • **État et régime politique** RÉPUBLIQUE, RÉGIME PARLEMENTAIRE • **Religion** ISLAM • **Fête nationale** 26 MARS (INDÉPENDANCE, 1971)

BE BELGIQUE

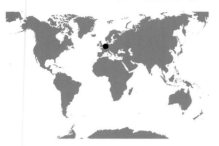

Dunes, mer du Nord

Grand-Place, Bruxelles

DE BRABANÇONNE/LA BRABANÇONNE
Paroles de Jenneval et de Charles Rogier

Après des siècles d'esclavage
Le Belge, sortant du tombeau,
A reconquis, par son courage,
Son nom, ses droits et son drapeau.
Et ta main souveraine et fière,
Désormais, peuple indompté,
Grava sur ta vieille bannière :
Le Roi, la Loi, la Liberté !
Grava sur ta vieille bannière :
Le Roi, la Loi, la Liberté ! (ter)

Marche de ton pas énergique,
Marche de progrès en progrès;
Dieu, qui protège la Belgique,
Sourit à tes mâles succès.
Travaillons : notre labeur donne
À nos champs la fécondité,
Et la splendeur des arts couronne
Le Roi, la Loi, la Liberté !
Et la splendeur des arts couronne
Le Roi, la Loi, la Liberté ! (ter)

Ouvrons nos rangs à d'anciens frères,
De nous trop longtemps désunis ;
Belges, Bataves, plus de guerres :
Les peuples libres sont amis.
À jamais resserrons ensemble
Les liens de la fraternité
Et qu'un même cri nous rassemble :
Le Roi, la Loi, la Liberté !
Et qu'un même cri nous rassemble:
Le Roi, la Loi, la Liberté ! (ter)

Ô Belgique, ô mère chérie,
À toi nos cœurs, à toi nos bras !
À toi notre sang, ô Patrie
Nous le jurons tous : tu vivras!
Tu vivras toujours grande et belle
Et ton invincible unité
Aura pour devise immortellex:
Le Roi, la Loi, la Liberté!
Aura pour devise immortelle:
Le Roi, la Loi, la Liberté! (ter)

Atomium, Bruxelles

Bruges

Ardennes

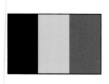

Nom usuel BELGIQUE • **Nom entier développé** ROYAUME DE BELGIQUE • **Date d'admission à l'ONU** 27 DÉCEMBRE 1945 • **Capitale** BRUXELLES • **Langues** FRANÇAIS, NÉERLANDAIS (FLAMAND), ALLEMAND • **Superficie** 30 500 KM² • **Population** 10 318 000 • **Densité de population** 338,3 HAB/KM² • **Monnaie nationale** EURO • **État et régime politique** MONARCHIE FÉDÉRALE, RÉGIME PARLEMENTAIRE • **Religion** CATHOLICISME • **Fête nationale** 21 JUILLET (PRESTATION DU SERMENT CONSTITUTIONNEL DE LÉOPOLD IER, 1831) • **Devise** L'UNION FAIT LA FORCE

BF BURKINA FASO

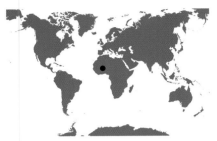

Village bobo

Mosquée, Bobo Dioulasso

Femme nankani peignant sa hutte, Zecco

Masque bobo

UNE SEULE NUIT

Paroles de Thomas Sankara

Contre la férule humiliante il y a déjà mille ans,
La rapacité venue de loin les asservir il y a cent ans,
Contre la cynique malice métamorphosée
En néocolonialisme et ses petits servants locaux
Beaucoup flanchèrent et certains résistèrent.
Mais les échecs, les succès, la sueur, le sang
Ont fortifié notre peuple courageux et fertilisé sa lutte héroïque.

Refrain
Et une seule nuit a rassemblé en elle
L'histoire de tout un peuple.
Et une seule nuit a déclenché sa marche triomphale
Vers l'horizon du bonheur.
Une seule nuit a réconcilié notre peuple,
Avec tous les peuples du monde,
À la conquête de la liberté et du progrès,
La Patrie ou la mort nous vaincrons !

Nourris à la source vive de la révolution,
Les engagés volontaires de la liberté et de la paix,
Dans l'énergie nocturne et salutaire du 4 août,
N'avaient pas que les armes à la main, mais aussi et surtout
La flamme au cœur pour légitimement libérer
Le Faso à jamais des fers de tous ceux qui,
Çà et là en polluaient l'âme sucrée de l'indépendance, de la souveraineté.

Refrain

Et séant désormais en sa dignité recouvrée,
L'amour et l'honneur en partage avec l'humanité,
Le peuple de Burkina chante un hymne à la victoire
À la gloire du travail libérateur, émancipateur.
À bas l'exploitation de l'homme par l'homme !
Hé, en avant pour le bonheur de tout homme,
Par tous les hommes aujourd'hui et demain,
Par tous les hommes ici et pour toujours !

Refrain

Révolution populaire notre sève nourricière,
Maternité immortelle de progrès à visage d'homme
Foyer éternel de démocratie consensuelle,
Où enfin l'identité nationale a droit de cité
Où pour toujours l'injustice perd ses quartiers,
Et où, des mains des bâtisseurs d'un monde radieux
Mûrissent partout les moissons des vœux patriotiques, brillent les soleils infinis de joie.

Nom usuel BURKINA FASO • **Nom entier développé** BURKINA FASO • **Date d'admission à l'ONU** 20 SEPTEMBRE 1960 • **Capitale** OUAGADOUGOU • **Langues** FRANÇAIS (OFF.), DIVERS DIALECTES • **Superficie** 274 200 KM² • **Population** 13 002 000 • **Densité de population** 47,5 HAB/KM² • **Monnaie nationale** FRANC CFA • **État et régime politique** RÉPUBLIQUE UNITAIRE, RÉGIME PRÉSIDENTIEL • **Religions** ISLAM, ANIMISME, CHRISTIANISME • **Fête nationale** 5 AOÛT (INDÉPENDANCE, 1960) • **Devise** UNITÉ, PROGRÈS, JUSTICE

BG BULGARIE

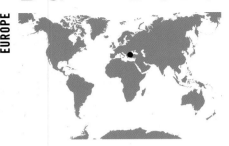

Plage des Sables d'or

Sofia

MILA RODINO/CHÈRE PATRIE
Paroles de Tsvetan Tsvetkov Radoslavov

Les sommets des Balkans s'élèvent fièrement,
À leurs pieds coule le Danube bleu ;
Le soleil brille sur la Thrace
Les monts du Pirin se couvrent de pourpre.

Ô cher pays natal,
Paradis sur terre !
Ton excellence et ta beauté
Charmeront toujours nos yeux.

De nombreux guerriers ont donné leur vie
Pour notre cher pays.
Mère, donne-nous la force
De suivre leurs pas.

Ô cher pays natal,
Paradis sur terre !
Ton excellence et ta beauté
Charmeront toujours nos yeux.

Forteresse Tsarevets, Tarnovo

Monastère de Bachkovo

Tarnovo

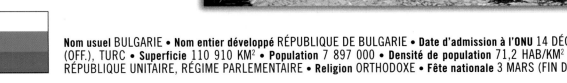

Nom usuel BULGARIE • **Nom entier développé** RÉPUBLIQUE DE BULGARIE • **Date d'admission à l'ONU** 14 DÉCEMBRE 1955 • **Capitale** SOFIA • **Langues** BULGARE (OFF.), TURC • **Superficie** 110 910 KM² • **Population** 7 897 000 • **Densité de population** 71,2 HAB/KM² • **Monnaie nationale** LEV • **État et régime politique** RÉPUBLIQUE UNITAIRE, RÉGIME PARLEMENTAIRE • **Religion** ORTHODOXE • **Fête nationale** 3 MARS (FIN DU JOUG OTTOMAN, 1878)

BH BAHREÏN

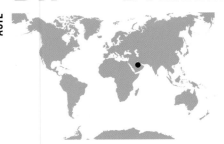

BAHRAINONA/NOTRE BAHREÏN

Notre Bahreïn, notre roi sont symboles d'harmonie,
Sa Constitution est hautement respectée,
Sa Charte d'action nationale est le chemin de la loi islamique,
De l'arabisme et de nos valeurs.
Longue vie au royaume de Bahreïn !
Pays généreux, terre de paix ;
Sa Constitution est hautement respectée,
Notre Bahreïn, notre roi sont symboles d'harmonie,
Sa Constitution est hautement respectée,
Sa Charte d'action nationale est le chemin de la loi islamique,
De l'arabisme et de nos valeurs.

Pont Fahd, liaison avec l'Arabie saoudite

Porte sculptée du Bait Shaikh Isa Bin Ali, Muharraf

Maison décorée, Al Muharraf

Mosquée Al Fateh, Manama

Nom usuel BAHREÏN • **Nom entier développé** ROYAUME DE BAHREÏN • **Date d'admission à l'ONU** 21 SEPTEMBRE 1971 • **Capitale** MANAMA • **Langue** ARABE • **Superficie** 710 KM² • **Population** 724 000 • **Densité de population** 1019,7 HAB/KM² • **Monnaie nationale** DINAR • **État et régime politique** ROYAUME, MONARCHIE CONSTITUTIONNELLE • **Religion** ISLAM • **Fête nationale** 16 DÉCEMBRE (INDÉPENDANCE, 1971)

BI BURUNDI

BURUNDI BWÂCU/BURUNDI AIMÉ
Paroles de Jean-Baptiste Ntahokaja

Cher Burundi, ô doux pays,
Prends place dans le concert des nations.
En tout bien, tout honneur, accédé à l'indépendance,
Mutilé et meurtri, tu es demeuré maître de toi-même.
L'heure venue, tu t'es levé
Et fièrement tu t'es hissé au rang des peuples libres.
Reçois donc le compliment des nations,
Et l'hommage de tes enfants.
Qu'à travers l'univers retentisse ton nom.

Cher Burundi, héritage sacré de nos aïeux,
Reconnu digne de te gouverner,
Au courage tu allies le sentiment d'honneur.
Chante la gloire de ta liberté reconquise.

Cher Burundi, digne objet de notre plus tendre amour,
À ton noble service nous vouons nos bras, nos cœurs et nos vies.
Veuille Dieu, qui nous a fait don de toi, te conserver à notre vénération.
Sous l'égide de l'unité, dans la paix, la joie et la prospérité.

Cultures en terrasses

Percussionnistes gitaya

Taureau à longues cornes

Culture du thé

Nom usuel BURUNDI • **Nom entier développé** RÉPUBLIQUE DU BURUNDI • **Date d'admission à l'ONU** 18 SEPTEMBRE 1962 • **Capitale** BUJUMBURA • **Langues** FRANÇAIS, KIRUNDI, SWAHILI • **Superficie** 27 830 KM^2 • **Population** 6 825 000 • **Densité de population** 245,2 HAB/KM^2 • **Monnaie nationale** FRANC BURUNDAIS • **État et régime politique** RÉPUBLIQUE UNITAIRE, RÉGIME PRÉSIDENTIEL • **Religions** CATHOLICISME, ANIMISME • **Fête nationale** 1ER JUILLET (INDÉPENDANCE, 1962) • **Devise** UNITÉ, TRAVAIL, PROGRÈS

BJ BÉNIN

Ganvié, « la Venise de l'Afrique »

L'AUBE NOUVELLE
Paroles de Gilbert Dagnon

Jadis à son appel, nos aïeux sans faiblesse
Ont su avec courage, ardeur, pleins d'allégresse
Livrer au prix du sang des combat éclatants.
Accourez vous aussi, bâtisseurs du présent,
Plus forts dans l'unité, chaque jour à la tâche,
Pour la postérité, construisez sans relâche.

Enfants du Bénin, debout !
La liberté d'un cri sonore
Chante aux premiers feux de l'aurore ;
Enfants du Bénin, debout !

Quand partout souffle un vent de colère et de haine,
Béninois, sois fier, et d'une âme sereine,
Confiant dans l'avenir, regarde ton drapeau !
Dans le vert tu liras l'espoir du renouveau,
De tes aïeux le rouge évoque le courage ;
Des plus riches trésors le jaune est le présage.

Enfants du Bénin, debout !
La liberté d'un cri sonore
Chante aux premiers feux de l'aurore ;
Enfants du Bénin, debout !

Tes monts ensoleillés, tes palmiers, ta verdure,
Cher Bénin, partout font ta vive parure.
Ton sol offre à chacun la richesse des fruits.
Bénin, désormais que tes fils tous unis
D'un fraternel élan partagent l'espérance
De te voir à jamais heureux dans l'abondance.

Enfants du Bénin, debout !
La liberté d'un cri sonore
Chante aux premiers feux de l'aurore ;
Enfants du Bénin, debout !

Plage de Ouidah, village de pêcheurs

Festival vaudou, porto Nuovo

Trafic sur le port de Cotonou

Nom usuel BÉNIN • **Nom entier développé** RÉPUBLIQUE DU BÉNIN • **Date d'admission à l'ONU** 20 SEPTEMBRE 1960 • **Capitale** PORTO NOVO (ADMINISTRATIVE) / COTONOU (ÉCONOMIQUE) • **Langues** FRANÇAIS (OFF.), DIVERS DIALECTES • **Superficie** 112 620 KM² • **Population** 7 410 490 • **Densité de population** 65,8 HAB/KM² • **Monnaie nationale** FRANC CFA • **État et régime politique** RÉPUBLIQUE UNITAIRE, RÉGIME PRÉSIDENTIEL • **Religions** ANIMISME, CHRISTIANISME, ISLAM • **Fête nationale** 1ER AOÛT (INDÉPENDANCE, 1960) • **Devise** FRATERNITÉ, JUSTICE, TRAVAIL

BN BRUNEI

ALLAH PELIHARAKAN SULTAN/DIEU BÉNISSE SA MAJESTÉ
Paroles de Pengiran Haji Mohamed ibn Abdul Rahim

Ô Dieu, longue vie à Sa Majesté
Qui protège notre pays et dirige
Notre peuple avec justice et souveraineté.
Prospérité à notre nation et au sultan !
Dieu sauve Brunei, demeure de la paix.

Mosquée Ali Saifuddin et lagon artificiel, Bandar Seri Begawan

Bandar Seri Begawan

Bateaux-taxis

Maisons sur la rivière Brunei

Kampong Ayer

Nom usuel BRUNEI • **Nom entier développé** SULTANAT DE BRUNEI • **Date d'admission à l'ONU** 21 SEPTEMBRE 1984 • **Capitale** BANDAR SERI BEGAWAN • **Langue** MALAIS • **Superficie** 5 770 KM^2 • **Population** 358 000 • **Densité de population** 62,1 HAB/KM^2 • **Monnaie nationale** DOLLAR DE BRUNEI • **État et régime politique** SULTANAT, MONARCHIE ABSOLUE • **Religions** ISLAM, CHRISTIANISME, BOUDDHISME • **Fête nationale** 23 FÉVRIER (INDÉPENDANCE, 1984) • **Devise** BRUNEI, ASILE DE PAIX

BO BOLIVIE

Mur sculpté pré-inca, Tiahuanaco

Saline

CANCÍON PATRIÓTICA/CHANT PATRIOTIQUE
Paroles de José Ignacio de Sanjinés

Boliviens le destin propice
A couronné nos vœux et nos aspirations ;
Elle est libre, elle est libre cette terre,
C'en est fini de sa condition servile.
Au vacarme martial d'hier
Et au bruit de l'horrible guerre,
Succèdent maintenant dans un harmonieux contraste
Les doux hymnes de la paix et de l'union.

Refrain
Conservons le nom précieux de la patrie
Dans une splendeur glorieuse
Et en son nom jurons à nouveau :
Mourir plutôt que de vivre en esclaves ! *(ter)*

Prière éternelle aux guerriers courageux,
Dont la bravoure héroïque et la fermeté
Ont conquis la gloire dont commence
À profiter aujourd'hui la Bolivie.
Que leurs noms de marbre et de bronze
Se transmettent dans les temps futurs
En un chant puissant qui répète :
Liberté, liberté, liberté !

Refrain

Ici, la justice a élevé son trône,
Qu'ignore la vile oppression,
Et de sa voix glorieuse entonne :
Liberté, liberté, liberté !
Cette terre innocente et magnifique,
Qui doit à Bolivar son nom,
Est la patrie heureuse où l'homme
Goûte les bienfaits du bonheur et de la paix.

Refrain

Si l'étranger tente, un jour,
De mettre la Bolivie sous le joug,
Que cet envahisseur prétentieux
Se prépare à un destin fatal.
Car les enfants du grand Bolivar
Ont juré mille et mille fois de mourir
Avant que de voir humiliée
La vénérable bannière de la patrie.

Refrain

Lac Titicaca

Métier à tisser

Andes

Nom usuel BOLIVIE • **Nom entier développé** RÉPUBLIQUE DE BOLIVIE • **Date d'admission à l'ONU** 14 NOVEMBRE 1945 • **Capitale** SUCRE (LA PAZ EST LE SIÈGE DU GOUVERNEMENT) • **Langues** ESPAGNOL, QUECHUA, AYMARA • **Superficie** 1 098 580 KM² • **Population** 8 808 000 • **Densité de population** 8,0 HAB/KM² • **Monnaie nationale** BOLIVIANO • **État et régime politique** RÉPUBLIQUE UNITAIRE, RÉGIME PRÉSIDENTIEL • **Religion** CATHOLICISME • **Fête nationale** 6 AOÛT (INDÉPENDANCE, 1825) • **Devise** DIEU, HONNEUR, PATRIE

BR   BRÉSIL

AMÉRIQUE

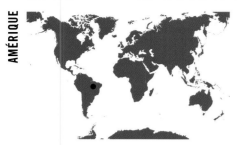

AS MARGENS DI IPIRANGA/LES BERGES DE L'IPIRANGA
Paroles de Joaquim Osório Duque Estrada

Un peuple héroïque des berges placides de l'Ipiranga
A entendu le cri éclatant,
Et du soleil de la liberté les rayons fulgurants
Ont brillé en cet instant dans le ciel de la patrie.
Si de nos bras puissants
Nous avons su conquérir ce gage d'égalité,
En ton sein, ô liberté,
Notre cœur défiera la mort elle-même !
Ô Patrie aimée, adorée, salut ! salut !
Brésil, un rêve intense, un rayon ardent,
D'amour et d'espérance sur la terre descend,
Dans tes cieux, souriants et limpides,
Resplendit l'image de la Croix du Sud.
Géant par ta propre nature
Tu es beau, tu es fort, impavide colosse
Et ton avenir reflète cette grandeur.

Terre adorée, entre mille autres, c'est toi, Brésil
Ô Patrie aimée ! Des fils de cette terre tu es la mère gentille
Patrie bien aimée, Brésil !

Éternellement couché dans un berceau splendide,
Au bruit de la mer, à la lumière du ciel profond,
Tu étincelles, ô Brésil, fleuron de l'Amérique,
Illuminé par le soleil du Nouveau Monde
Plus que la terre la plus splendide
Tes beaux champs souriants portent des fleurs,
Nos bois ont plus de vie
Notre vie, en ton sein, plus d'amours.
Ô patrie aimée, adorée, salut ! salut !
Brésil, de l'amour éternel soit le symbole
Que l'étendard étoilé que tu brandis
Proclame le vert laurier de cette bannière :
Paix dans l'avenir et gloire dans le passé.
Mais si tu brandis la puissante épée de la justice,
Tu verras qu'aucun de tes enfants ne fuit la lutte,
Celui qui t'adore ne craint pas la mort elle-même.

Terre adorée, entre mille autres, c'est toi, Brésil
Ô Patrie aimée ! Des fils de cette terre tu es la mère gentille
Patrie bien aimée, Brésil !

Salvador, San Fransisco de Asis

Manaus

Baie de Rio, Pain de Sucre

Carnaval de Rio

Côte verte, Parati

Nom usuel BRÉSIL • **Nom entier développé** RÉPUBLIQUE FÉDÉRATIVE DU BRÉSIL • **Date d'admission à l'ONU** 24 OCTOBRE 1945 • **Capitale** BRASILIA • **Langue** PORTUGAIS DU BRÉSIL • **Superficie** 8 547 400 KM² • **Population** 178 470 000 • **Densité de population** 20,9 HAB/KM² • **Monnaie nationale** RÉAL • **État et régime politique** RÉPUBLIQUE FÉDÉRALE, RÉGIME PRÉSIDENTIEL • **Religion** CATHOLICISME • **Fête nationale** 7 SEPTEMBRE (INDÉPENDANCE, 1822) • **Devise** ORDRE ET PROGRÈS

BS BAMAHAS

AMÉRIQUE

MARCH ON, BAHAMALAND/EN AVANT, BAHAMAS
Paroles de Timothy Gibson

Lève la tête vers le soleil levant, terre des Bahamas ;
Marche vers la gloire, tes bannières éclatantes flottent haut.
Vois comme le monde remarque ton attitude !
Promettons de nous surpasser dans l'amour et l'unité.
Déterminés, marchons ensemble vers un noble but commun ;
Imperturbables, même si le mauvais temps nous cache le large et traître écueil.
Lève la tête vers le soleil levant, terre des Bahamas ;
Jusqu'à ce que la route que tu as tracée te mène à Dieu, en avant Bahamas !

Harbour Island

Requins gris

Jardin tropical, Freeport

Maisons traditionnelles

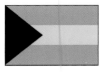

Nom usuel BAHAMAS • **Nom entier développé** COMMONWEALTH DES BAHAMAS • **Date d'admission à l'ONU** 18 SEPTEMBRE 1973 • **Capitale** NASSAU • **Langue** ANGLAIS • **Superficie** 13 880 KM² • **Population** 314 000 • **Densité de population** 22,6 HAB/KM² • **Monnaie nationale** DOLLAR BAHAMÉEN • **État et régime politique** ÉTAT UNITAIRE, RÉGIME PARLEMENTAIRE • **Religion** PROTESTANTISME • **Fête nationale** 10 JUILLET (INDÉPENDANCE, 1973) • **Devise** MAINTENIR, CROÎTRE ET PROGRESSER ENSEMBLE

BT BHOUTAN

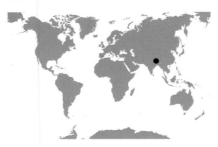

DRUK TSENDHEN/LE ROYAUME DU DRAGON-TONNERRE
Paroles de Gyalden Dasho Thinley Dorji

Au Royaume du Dragon-Tonnerre,
Orné de bois de cyprès,
Protecteur qui garde
Les enseignements du système double,
Lui, le précieux et glorieux dirigeant
Qui étend son pouvoir,
Alors que chacun se soumet
Avec constance,
Alors que s'épanouit la doctrine du Seigneur Bouddha,
Puisse le soleil de la paix et du bonheur
Briller sur le peuple !

Chorten, Chendebji

Masques traditionnels

Palais officiel, Thimphu

Thongdroel, Punakha

Nom usuel BHOUTAN • **Nom entier développé** ROYAUME DU BHOUTAN • **Date d'admission à l'ONU** 21 SEPTEMBRE 1971 • **Capitale** THIMPHU • **Langues** DZONG-KA (OFF., DIALECTE TIBÉTAIN), ANGLAIS, NÉPALI • **Superficie** 2 257 000 KM² • **Population** 750 000 • **Densité de population** 48 HAB/KM² • **Monnaie nationale** NGULTRUM • **État et régime politique** MONARCHIE ABSOLUE, RÉGIME CONSTITUTIONNEL • **Religion** BOUDDHISME (RELIGION OFFICIELLE : ÉCOLE DRUKPA KAGYUPA), HINDOUISME • **Fête nationale** 17 DÉCEMBRE (1ER ROI, 1907)

BW BOTSWANA

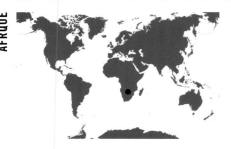

FATSHE LENO LA RONA/BÉNIE SOIT CETTE NOBLE TERRE
Paroles de Kgalemang Tumedisco Motsete

Bénie soit cette noble terre,
Don de la puissante main de Dieu,
Héritage que nous ont laissé nos pères,
Puisse-t-elle toujours être en paix.

Éveillez-vous, éveillez-vous, ô hommes, éveillez-vous !
Et, femmes, tenez-vous à leurs côtés,
Ensemble, nous allons travailler et servir
Cette terre, cette heureuse terre !

Mot de beauté et de gloire,
Le nom de Botswana est venu à nous.
Par notre unité et notre harmonie,
Nous resterons unis et en paix.

Éveillez-vous, éveillez-vous, ô hommes, éveillez-vous !
Et, femmes, tenez-vous à leurs côtés,
Ensemble, nous allons travailler et servir
Cette terre, cette heureuse terre !

Troupeau d'antilopes

Palmiers et marécages

Okavango

Baobabs et étendue de sel

Parc National Chobe

Nom usuel BOTSWANA • **Nom entier développé** RÉPUBLIQUE DU BOTSWANA • **Date d'admission à l'ONU** 17 OCTOBRE 1966 • **Capitale** GABORONE • **Langues** ANGLAIS (OFF.), SETSWANA • **Superficie** 600 372 KM² • **Population** 1 570 000 • **Densité de population** 26,1 HAB/KM² • **Monnaie nationale** PULA • **État et régime politique** RÉPUBLIQUE UNITAIRE, RÉGIME PRÉSIDENTIEL • **Religions** ANIMISME, PROTESTANTISME • **Fête nationale** 30 SEPTEMBRE (INDÉPENDANCE, 1966) • **Devise** QUE TOMBE LA PLUIE

BY BELARUS

MY, BIELARUSY/NOUS, BIÉLORUSSES
Paroles de Mikhas Klimkovich

Nous, Biélorusses, sommes un peuple pacifique,
Nos cœurs sont dédiés à notre patrie.
Au sein de notre famille libre et laborieuse,
Ensemble, nous sommes forts et amicaux.

Refrain
Nous louons le nom sublime de notre pays !
Nous louons l'union fraternelle des nations !
Notre mère patrie bien-aimée,
Puisses-tu vivre et prospérer pour toujours, Biélorussie !

Ensemble, avec nos vaillants frères,
Nous avons défendu nos foyers pendant des siècles.
Dans le combat pour la liberté, dans le combat pour le bonheur,
Nous avons gagné la bannière de la victoire !

Refrain

L'amitié entre les nations est le pouvoir de toutes les nations.
C'est le chemin lumineux qui nous a été transmis.
Que la bannière victorieuse, bannière du bonheur,
S'élève avec fierté dans un ciel clair !

Refrain

Baignade au lac, Minsk

Château Pishchaïlovski, Minsk

Avenue F. Skorina, Minsk

Église de Zaslavl

Nom usuel BELARUS (DEPUIS 1991; EX-BIÉLORUSSIE) • **Nom entier développé** RÉPUBLIQUE DE BELARUS • **Date d'admission à l'ONU** 24 OCTOBRE 1945 • **Capitale** MINSK • **Langues** BELARUSSIEN, RUSSE • **Superficie** 207 600 KM² • **Population** 9 895 000 • **Densité de population** 47,7 HAB/KM² • **Monnaie nationale** ROUBLE BIÉLORUSSIEN • **État et régime politique** RÉPUBLIQUE UNITAIRE, RÉGIME PRÉSIDENTIEL • **Religion** ORTHODOXE • **Fête nationale** 3 JUILLET (INDÉPENDANCE, 1944)

BZ BELIZE

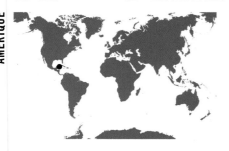

LAND OF THE FREE/PAYS DES HOMMES LIBRES
Paroles de Samuel Alfred Haynes

Ô pays d'hommes libres sur la mer des Caraïbes,
Nous nous engageons pour ta liberté !
Aucun tyran ne s'établira ici, les despotes doivent fuir
Ce havre paisible de démocratie.
Le sang noble, qui consacre notre sol,
A apporté la liberté contre la férule de l'esclavage,
Par la force de la vérité et la grâce de Dieu.
Jamais plus nous ne serons des coupeurs de bois.

Debout les fils du clan des hommes de la Baie,
Mettez votre armure, libérez le pays !
Chassez les tyrans, laissez fuir les despotes,
Pays d'hommes libres sur la mer des Caraïbes !

La nature t'a béni avec une incalculable richesse,
Sur les montagnes et les vallées où s'étendent les prairies ;
Nos pères, les hommes de la Baie, vaillants et audacieux
Ont chassé les envahisseurs-; et cet héritage persiste
Du fier Rio Hondo au vieux Sarstún,
À travers l'île de Corail, au-dessus du lagon bleu,
Monte la garde avec les anges, les étoiles et la lune ;
Car la liberté viendra demain à midi.

Debout les fils du clan des hommes de la Baie,
Mettez votre armure, libérez le pays !
Chassez les tyrans, laissez fuir les despotes,
Pays d'hommes libres sur la mer des Caraïbes !

Cataracte du fleuve Rio

Cratère « Blue Hole »

Goff's Cave

Site maya, Xunantunich

Mangrove sur la côte des Caraïbes

Nom usuel BELIZE • **Nom entier développé** BELIZE • **Date d'admission à l'ONU** 25 SEPTEMBRE 1981 • **Capitale** BELMOPAN • **Langues** ANGLAIS (OFF.), ESPAGNOL, LANGUES MAYAS • **Superficie** 22 960 KM^2 • **Population** 256 000 • **Densité de population** 11,1 HAB/KM^2 • **Monnaie nationale** DOLLAR BELIZIEN • **État et régime politique** ÉTAT UNITAIRE, RÉGIME PARLEMENTAIRE • **Religion** CATHOLICISME • **Fête nationale** 21 SEPTEMBRE (INDÉPENDANCE, 1981) • **Devise** JE FLEURIS À L'OMBRE

CA CANADA

Ô CANADA !/Ô CANADA !
Paroles de Robert Stanley Weir (anglais)
et d'Adolphe-Basile Routhier (français)

Ô Canada ! Terre de nos aïeux,
Ton front est ceint de fleurons glorieux !
Car ton bras sait porter l'épée,
Il sait porter la croix !
Ton histoire est une épopée
Des plus brillants exploits.
Et ta valeur, de foi trempée,
Protégera nos foyers et nos droits. *(bis)*

Sous l'œil de Dieu, près du fleuve géant,
Le Canadien grandit en espérant,
Il est né d'une race fière,
Béni fut son berceau,
Le ciel a marqué sa carrière
Dans ce monde nouveau.
Toujours guidé par Sa lumière,
Il gardera l'honneur de son drapeau. *(bis)*

De son patron, précurseur du vrai Dieu,
Il porte au front l'auréole de feu ;
Ennemi de la tyrannie,
Mais plein de loyauté,
Il veut garder dans l'harmonie
Sa fière liberté.
Et par l'effort de son génie,
Sur notre sol asseoir la vérité ! *(bis)*

Amour sacré du trône et de l'autel,
Remplis nos cœurs de ton souffle immortel.
Parmi les races étrangères
Notre guide est la foi ;
Sachons être un peuple de frères
Sous le joug de la loi ;
Et répétons comme nos pères
Le cri vainqueur : « Pour le Christ et le Roi ». *(bis)*

Alberta, les Rocheuses

Baie d'Hudson

Vieux port de Montréal

Vieux Québec

Chutes du Niagara

Nom usuel CANADA • **Nom entier développé** CONFÉDÉRATION CANADIENNE • **Date d'admission à l'ONU** 9 NOVEMBRE 1945 • **Capitale** OTTAWA • **Langues** ANGLAIS, FRANÇAIS • **Superficie** 9 970 610 KM² • **Population** 31 510 000 • **Densité de population** 3,2 HAB/KM² • **Monnaie nationale** DOLLAR CANADIEN • **État et régime politique** FÉDÉRATION, RÉGIME PARLEMENTAIRE • **Religion** CHRISTIANISME • **Fête nationale** 1ER JUILLET (« DOMINION DAY » : CRÉATION DE LA CONFÉDÉRATION CANADIENNE, 1867) • **Devise** D'UN OCÉAN À L'AUTRE

Marché à Kinshasa

Hippopotames dans la rivière Rutschuru

CD RÉPUBLIQUE DÉMOCRATIQUE DU CONGO

AFRIQUE

DEBOUT CONGOLAIS
Paroles de Joseph Lutumba

Debout Congolais,
Unis par le sort
Unis dans l'effort pour l'indépendance,
Dressons nos fronts longtemps courbés
Et pour de bon prenons le plus bel élan, dans la paix.
Ô peuple ardent, par le labeur, nous bâtirons un pays plus beau qu'avant, dans la paix.

Citoyens, entonnez l'hymne sacré de votre solidarité,
Fièrement, saluez l'emblème d'or de votre souveraineté, Congo !

Don béni (Congo) des aïeux (Congo)
Ô pays (Congo) bien-aimé (Congo),
Nous peuplerons ton sol et nous assurerons ta grandeur.
(Trente juin) ô doux soleil (Trente juin) du trente juin,
(Jour sacré) soit le témoin (jour sacré) de l'immortel serment de liberté
que nous léguons à notre postérité pour toujours.

Cultures agricoles

Parc national Virunga

Congolaise

Nom usuel RÉPUBLIQUE DÉMOCRATIQUE DU CONGO (CONGO-KINSHASA) • **Nom entier développé** RÉPUBLIQUE DÉMOCRATIQUE DU CONGO • **Date d'admission à l'ONU** 20 SEPTEMBRE 1960 • **Capitale** KINSHASA • **Langues** FRANÇAIS, LINGALA, SWAHILI • **Superficie** 2 344 860 KM² • **Population** 52 771 000 • **Densité de population** 22,5 HAB/KM² • **Monnaie nationale** FRANC CONGOLAIS • **État et régime politique** RÉPUBLIQUE UNITAIRE, RÉGIME PRÉSIDENTIEL • **Religion** CHRISTIANISME, CROYANCES TRADITIONNELLES • **Fête nationale** 30 JUIN (INDÉPENDANCE, 1960) • **Devise** PAIX, JUSTICE, TRAVAIL

CF RÉPUBLIQUE CENTRAFRICAINE

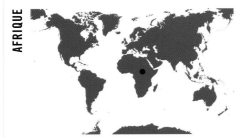

LA RENAISSANCE
Paroles de Barthélemy Boganda

Ô Centrafrique, ô berceau des Bantous !
Reprends ton droit au respect, à la vie !
Longtemps soumis, longtemps brimé par tous,
Mais de ce jour brisant la tyrannie,
Dans le travail, l'ordre et la dignité,
Tu reconquiers ton droit, ton unité,
Et pour franchir cette étape nouvelle,
De nos ancêtres la voix nous appelle.

Au travail dans l'ordre et la dignité,
Dans le respect du droit, dans l'unité,
Brisant la misère et la tyrannie,
Brandissant l'étendard de la patrie.

Forêt tropicale, région de Shangha

Chasseurs pygmées

Fleuve Oubangui

Parc national de Dzanga-Ndoki

Monument des martyrs, Bangui

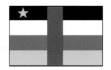

Nom usuel RÉPUBLIQUE CENTRAFRICAINE • **Nom entier développé** RÉPUBLIQUE CENTRAFRICAINE • **Date d'admission à l'ONU** 20 SEPTEMBRE 1960 • **Capitale** BANGUI • **Langues** FRANÇAIS (OFF.), SANGO • **Superficie** 622 980 KM² • **Population** 3 865 000 • **Densité de population** 6,2 HAB/KM² • **Monnaie nationale** FRANC CFA • **État et régime politique** RÉPUBLIQUE UNITAIRE, RÉGIME PRÉSIDENTIEL • **Religions** CHRISTIANISME, ANIMISME • **Fête nationale** 1ER DÉCEMBRE (RÉPUBLIQUE, 1958) • **Devise** UNITÉ, DIGNITÉ, TRAVAIL

CG CONGO

LA CONGOLAISE
Paroles de Jean Royer

En ce jour, le soleil se lève
Et notre Congo resplendit.
Une longue nuit s'achève,
Un grand bonheur a surgi.
Chantons tous avec ivresse
Le chant de la liberté.

Refrain
Congolais, debout, fièrement, partout
Proclamons l'union de notre nation
Oublions ce qui nous divise,
Soyons plus unis que jamais
Vivons pour notre devise :
Unité, Travail, Progrès. *(bis)*

Des forêts jusqu'à la savane,
Des savanes jusqu'à la mer,
Un seul peuple, une seule âme,
Un seul cœur ardent et fier,
Luttons tous, tant que nous sommes
Pour notre vieux pays noir.

Refrain

Et s'il nous faut mourir, en somme,
Qu'importe puisque nos enfants
Partout pourront dire comme
On triomphe en combattant,
Et dans le moindre village
Chantent sous nos trois couleurs.

Refrain

Ville de Pointe Noire

Fleuve Congo

Brazzaville

Makola

Plage, Pointe Noire

Gorges de Diosso

Nom usuel CONGO (-BRAZZAVILLE) • **Nom entier développé** RÉPUBLIQUE DU CONGO • **Date d'admission à l'ONU** 20 SEPTEMBRE 1960 • **Capitale** BRAZZAVILLE • **Langue** FRANÇAIS • **Superficie** 342 000 KM² • **Population** 3 724 000 • **Densité de population** 10,9 HAB/KM² • **Monnaie nationale** FRANC CFA • **État et régime politique** RÉPUBLIQUE UNITAIRE, RÉGIME PRÉSIDENTIEL • **Religion** CHRISTIANISME, CROYANCES TRADITIONNELLES • **Fête nationale** 15 AOÛT (INDÉPENDANCE, 1960) • **Devise** UNITÉ, TRAVAIL, PROGRÈS

CH SUISSE

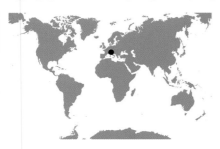

SCHWEIZER PSALM/CANTIQUE SUISSE
Paroles de Charles Chatelanat

Sur nos monts, quand le soleil
Annonce un brillant réveil,
Et prédit d'un plus beau jour le retour,
Les beautés de la patrie
Parlent à l'âme attendrie ;
Au ciel montent plus joyeux *(bis)*
Les accents d'un cœur pieux,
Les accents émus d'un cœur pieux.

Lorsqu'un doux rayon du soir
Joue encore dans le bois noir,
Le cœur se sent plus heureux près de Dieu
Loin des vains bruits de la plaine
L'âme en paix est plus sereine ;
Au ciel montent plus joyeux *(bis)*
Les accents d'un cœur pieux,
Les accents émus d'un cœur pieux.

Lorsque dans la sombre nuit,
La foudre éclate avec bruit,
Notre cœur pressent encore le Dieu fort.
Dans l'orage et la détresse,
Il est notre forteresse.
Offrons-Lui des cœurs pieux : *(bis)*
Dieu nous bénira des cieux,
Dieu nous bénira du haut des cieux.

Des grands monts vient le secours,
Suisse ! espère en Dieu toujours !
Garde la foi des aïeux, vis comme eux !
Sur l'autel de la patrie
Mets tes biens, ton cœur, ta vie !
C'est le trésor précieux *(bis)*
Que Dieu nous bénira des cieux,
Que Dieu nous bénira du haut des cieux.

Bouquetins

La Furka

Fontaine sur le lac de Genève

Lac Majeur, Ascona

Alpes Suisses

Chalet traditionnel

Nom usuel SUISSE • **Nom entier développé** CONFÉDÉRATION HELVÉTIQUE • **Date d'admission à l'ONU** 10 SEPTEMBRE 2002 • **Capitale** BERNE • **Langues** ALLEMAND, FRANÇAIS, ITALIEN, ROMANCHE • **Superficie** 41 290 KM² • **Population** 7 169 000 • **Densité de population** 173,6 HAB/KM² • **Monnaie nationale** FRANC SUISSE • **État et régime politique** ETAT FÉDÉRAL, RÉGIME PARLEMENTAIRE • **Religions** CATHOLICISME, PROTESTANTISME • **Fête nationale** 1ER AOÛT (FONDATION DE LA CONFÉDÉRATION HELVÉTIQUE, 1291) • **Devise** UN POUR TOUS, TOUS POUR UN

CI CÔTE D'IVOIRE

Marché de Yamoussoukro

Pêcheurs, Sassandra

Cathédrale de Yamoussoukro

Abidjan

Waraniene

L'ABIDJANAISE
Paroles de l'abbé Mathieu Ekra, Joachim Bony et Pierre-Marie Coty

Salut ô terre d'espérance,
Pays de l'hospitalité.
Tes légions remplies de vaillance
Ont relevé ta dignité.

Tes fils chère Côte d'Ivoire,
Fiers artisans de ta grandeur,
Tous rassemblés pour ta gloire
Te bâtiront dans le bonheur.

Fiers Ivoiriens, le pays nous appelle.
Si nous avons dans la paix ramené la liberté,
Notre devoir sera d'être un modèle
De l'espérance promise à l'humanité
En forgeant, unis dans la foi nouvelle,
La patrie de la vraie fraternité.

Nom usuel CÔTE D'IVOIRE • **Nom entier développé** RÉPUBLIQUE DE CÔTE D'IVOIRE • **Date d'admission à l'ONU** 20 SEPTEMBRE 1960 • **Capitale** YAMOUSSOUKRO • **Langues** FRANÇAIS (OFF.), BAOULÉ, DIOULA • **Superficie** 322 460 KM² • **Population** 16 631 000 • **Densité de population** 51,6 HAB/KM² • **Monnaie nationale** FRANC CFA • **État et régime politique** RÉPUBLIQUE UNITAIRE, RÉGIME PARLEMENTAIRE • **Religions** CHRISTIANISME, ANIMISME • **Fête nationale** 7 AOÛT (INDÉPENDANCE 1960) • **Devise** UNION, DISCIPLINE, TRAVAIL

CL CHILI

**CANCION NACIONAL DE CHILE/
CHANT NATIONAL DU CHILI**
Paroles d'Eusebio Lillo Robles
et Bernardo de Vera y Pintado

Pur, Chili, est ton ciel bleu azur,
Des brises pures te balayent aussi,
Et tes champs bordés de fleurs
Sont l'heureuse copie de l'Éden.
Majestueuse est la blanche montagne
Que le seigneur t'a donnée comme bastion, *(bis)*
Et cette mer qui te baigne tranquillement
Te promet un avenir radieux.
Et cette mer qui te baigne tranquillement
Te promet un avenir radieux.

Douce patrie, reçois les vœux
Que nous avons jurés, Chili, sur ton autel
Que tu seras soit la tombe des hommes libres
Ou le refuge contre l'oppression.

Autel avec moais, Île de Pâques

Glacier près du volcan Michimavida Palena

Geyser Tatio

Île Robinson Crusoé

Viña del Mar

Santiago, quartier Suecia

Nom usuel CHILI • **Nom entier développé** RÉPUBLIQUE DU CHILI • **Date d'admission à l'ONU** 24 OCTOBRE 1945 • **Capitale** SANTIAGO DU CHILI • **Langue** ESPAGNOL • **Superficie** 756 630 KM^2 • **Population** 15 805 000 • **Densité de population** 20,9 HAB/KM^2 • **Monnaie nationale** PESO CHILIEN • **État et régime politique** RÉPUBLIQUE, DÉMOCRATIE PRÉSIDENTIELLE • **Religion** CATHOLICISME • **Fête nationale** 18 SEPTEMBRE (AUTONOMIE, 1810) • **Devise** PAR LA RAISON OU PAR LA FORCE

AFRQUE

CM CAMEROUN

Caméléon Usambara

Lac Nyos, près de Wum

Musiciens de la cour du Sultan, Rey Bouba

Palais présidentiel, Yaoundé

LE CHANT DE RALLIEMENT
Paroles de René Djam Afame, Moïse Nyatte Nko'o

Ô Cameroun berceau de nos ancêtres,
Va debout et jaloux de ta liberté.
Comme un soleil, ton drapeau fier doit être
Un symbole ardent de foi et d'unité.
Que tous tes enfants du nord au sud,
De l'est à l'ouest soient tout amour !
Te servir que ce soit leur seul but
Pour remplir leurs devoirs toujours.

Chère patrie, terre chérie,
Tu es notre seul et vrai bonheur,
Notre joie, notre vie,
À toi l'amour et le grand honneur.

Tu es la tombe où dorment nos pères,
Le jardin que nos aïeux ont cultivé.
Nous travaillons pour te rendre prospère,
Un beau jour enfin nous serons arrivés.
De l'Afrique sois fidèle enfant,
Et progresse toujours en paix,
Espérant que tes jeunes enfants
T'aimeront sans bornes à jamais.

Chère patrie, terre chérie,
Tu es notre seul et vrai bonheur,
Notre joie, notre vie,
À toi l'amour et le grand honneur.

Forêt tropicale

Nom usuel CAMEROUN • **Nom entier développé** RÉPUBLIQUE DU CAMEROUN • **Date d'admission à l'ONU** 20 SEPTEMBRE 1960 • **Capitale** YAOUNDÉ • **Langues** ANGLAIS, FRANÇAIS (OFF.), DIVERS DIALECTES • **Superficie** 475 440 KM² • **Population** 16 018 000 • **Densité de population** 33,7 HAB/KM² • **Monnaie nationale** FRANC CFA • **État et régime politique** RÉPUBLIQUE UNITAIRE DÉCENTRALISÉE, RÉGIME SEMI-PRÉSIDENTIEL • **Religions** CHRISTIANISME, ISLAM, ANIMISME • **Fête nationale** 20 MAI (RATIFICATION DE LA CONSTITUTION, 1972) • **Devise** PAIX, TRAVAIL, PATRIE

CN CHINE

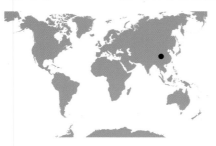

YIYONGGJUN JINXINGQU/LA MARCHE DES VOLONTAIRES
Paroles originelles de Tian Han, puis collectives

Allons, peuple héroïque de toutes nos nationalités !
Le grand Parti communiste nous conduit dans la poursuite de la Longue Marche.
Tous d'un même cœur, allons au-devant des lendemains communistes !
Lançons-nous vaillamment dans le combat
Pour édifier et défendre la patrie!
En avant ! En avant ! En avant !
De génération en génération,
Nous ferons flotter bien haut le drapeau de Mao Zedong ! *(bis)*
En avant ! En avant ! En avant !

Palais d'été, Pékin

pandas, Sichuan

Temple de Jiegu

Gullin, Guangxi

Shangai

Grande Muraille de Chine

Nom usuel CHINE • **Nom entier développé** RÉPUBLIQUE POPULAIRE DE CHINE • **Date d'admission à l'ONU** 24 OCTOBRE 1945 • **Capitale** PÉKIN • **Langues** MANDARIN (OFF.), 8 DIALECTES, 55 LANGUES MINORITAIRES • **Superficie** 9 598 050 KM^2 • **Population** 1 304 196 000 • **Densité de population** 135,9 HAB/KM^2 • **Monnaie nationale** RENMINBI OU YUAN • **État et régime politique** RÉPUBLIQUE SOCIALISTE UNITAIRE ET MULTINATIONALE, DÉMOCRATIE POPULAIRE À PARTI UNIQUE • **Religions** BOUDDHISME, TAOÏSME • **Fête nationale** 1ER OCTOBRE (RÉPUBLIQUE POPULAIRE DE CHINE, 1949) • **Devise** FERMETÉ DANS LA DIGNITÉ ET DYNAMISME DANS L'INDÉPENDANCE

CO COLOMBIE

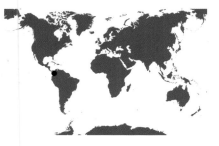

OH GLORIA INMARCESIBLE !/Ô GLOIRE INEFFABLE-!
Paroles de Rafael Nuñez

Ô gloire ineffable !
Ô gloire immortelle !
Dans un sillon de douleur
Le bien germe. *(bis)*

L'horrible nuit prend fin,
La liberté sublime
Illumine l'aube
De sa lumière invincible.
L'humanité entière,
Qui gémit sous les chaînes,
Comprend les mots de Celui
Qui est mort sur la croix.

Ô gloire ineffable !
Ô gloire immortelle !
Dans un sillon de douleur
Le bien germe. *(bis)*

Indépendance, crie
Le monde américain;
Le pays de Colomb
Baigne dans le sang des héros.
Mais le grand principe :
Le roi n'est pas souverain,
Résonne, et ceux qui souffrent
Bénissent sa passion.

Ô gloire ineffable !
Ô gloire immortelle !
Dans un sillon de douleur
Le bien germe. *(bis)*

Cartagena

Vieux quartiers de la Candelaria, Bogota

Île du Rosaire

La « Chiva »

Nom usuel COLOMBIE • **Nom entier développé** RÉPUBLIQUE DE COLOMBIE • **Date d'admission à l'ONU** 5 NOVEMBRE 1945 • **Capitale** BOGOTA • **Langue** ESPAGNOL • **Superficie** 1 138 910 KM^2 • **Population** 44 222 000 • **Densité de population** 38,8 HAB/KM^2 • **Monnaie nationale** PESO • **État et régime politique** RÉPUBLIQUE UNITAIRE, RÉGIME PRÉSIDENTIEL • **Religion** CATHOLICISME • **Fête nationale** 20 JUILLET (INDÉPENDANCE, 1819) • **Devise** LIBERTÉ ET ORDRE

CR COSTA RICA

NOBLE PATRIA/NOBLE PATRIE
Paroles de José Maria Zeledón Brenes

Noble patrie, ton beau drapeau
Est l'expression de nos vies :
Sous l'azur limpide de ton ciel,
Blanche et pure repose la paix.
Dans la lutte tenace du travail fécond
Qui fait rougir le visage de l'homme,
Tes fils, simples cultivateurs, ont conquis
Un prestige éternel, estime et honneur.

Salut, ô terre aimable !
Salut, ô mère d'amour !
Si certains prétendent souiller ta gloire,
Tu verras ton peuple, courageux et viril,
Échanger ses outils contre des armes.
Salut, ô patrie ! Ton sol prodigue
Est pour nous un doux abri et un soutien ;
Sous l'azur limpide de ton ciel
Que vivent toujours le travail et la paix !

Volcan Irazu

Forêt tropicale Monteverde

Basilique de Los Angeles, Cartago

Chute d'eau

Arrivée des tortues: Playa Grande

Nom usuel COSTA RICA • **Nom entier développé** RÉPUBLIQUE DU COSTA RICA • **Date d'admission à l'ONU** 2 NOVEMBRE 1945 • **Capitale** SAN JOSÉ • **Langues** ESPAGNOL (OFF.), ANGLAIS, CRÉOLE • **Superficie** 51 100 KM² • **Population** 4 173 000 • **Densité de population** 81,7 HAB/KM² • **Monnaie nationale** COLON COSTARICIEN • **État et régime politique** RÉPUBLIQUE UNITAIRE, RÉGIME PRÉSIDENTIEL • **Religion** CATHOLICISME • **Fête nationale** 15 SEPTEMBRE (INDÉPENDANCE, 1821) • **Devise** À L'OMBRE JE PROSPÈRE

CU CUBA

LA BAYAMESA/LA BAYAMAISE
Paroles de Pedro Figueredo Cisneros

Au combat, courez, gens de Bayamo,
La Patrie vous contemple avec fierté ;
Ne craignez pas une mort glorieuse,
Car mourir pour la patrie, c'est vivre.
Vivre enchaîné, c'est vivre
Soumis à l'opprobre et à l'affront ;
Écoutez le son du clairon ;
Aux armes, ô vaillants !
Vivre enchaîné, c'est vivre
Soumis à l'opprobre et à l'affront ;
Écoutez le son du clairon ;
Aux armes, ô vaillants !

Santiago de Cuba

Vieja Trova, Santiago de Cuba

La Havane

Vallée de Vinales

Plage Esmeralda

Nom usuel CUBA • **Nom entier développé** RÉPUBLIQUE DE CUBA • **Date d'admission à l'ONU** 24 OCTOBRE 1945 • **Capitale** LA HAVANE • **Langue** ESPAGNOL • **Superficie** 110 860 KM² • **Population** 11 300 000 • **Densité de population** 101,9 HAB/KM² • **Monnaie nationale** PESO CUBAIN • **État et régime politique** RÉPUBLIQUE UNITAIRE COMMUNISTE, RÉGIME SOCIALISTE À PARTI UNIQUE • **Religion** CATHOLICISME • **Fête nationale** 1ER JANVIER (LIBÉRATION, 1959) • **Devise** LA PATRIE OU LA MORT, NOUS VAINCRONS

CV CAP-VERT

Rabil, Boa Vista

San Pedro, São Vicente

CÂNTICO DA LIBERDADE/LE CHANT DE LA LIBERTÉ
Paroles d'Amilcar Spencer Lopes

Chante, frère,
Chante mon frère
Car la liberté est un hymne
Et l'homme une certitude.

Avec dignité, plante la graine
Dans la poussière de l'île nue :
Ne désespère pas de la vie
L'espoir est aussi vaste
Que la mer qui nous entoure.
Sentinelle inébranlable des mers et des vents
Entre les étoiles et l'Atlantique
Chante le chant de la liberté.

Chante, frère,
Chante mon frère
Car la liberté est un hymne
Et l'homme une certitude.

Santa Maria, Sal

Fontainhas, Santo Antão

Mindelo, São Vicente

Nom usuel CAP-VERT • **Nom entier développé** RÉPUBLIQUE DU CAP-VERT • **Date d'admission à l'ONU** 16 SEPTEMBRE 1975 • **Capitale** PRAIA • **Langues** PORTUGAIS (OFF.), CRÉOLE • **Superficie** 4 030 KM^2 • **Population** 463 000 • **Densité de population** 114,9 HAB/KM^2 • **Monnaie nationale** ESCUDO DU CAP-VERT • **Régime politique** RÉPUBLIQUE UNITAIRE, RÉGIME PARLEMENTAIRE • **Religion** CATHOLICISME • **Fête nationale** 5 JUILLET (INDÉPENDANCE, 1975) • **Devise** UNITÉ, TRAVAIL, PROGRÈS

CY CHYPRE

Limassol

Chapelle byzantine, Nicosie

Site gréco-romain, Paphos

Patamos

Port naturel Agia Napa

PROTARAS

HUMNOS EIS TIN ELPHTHERIAN/HYMNE À LA LIBERTÉ
Paroles de Dionysios Solomós (Hymne grec)

Je te reconnais au tranchant
De ton glaive redoutable ;
Je te reconnais à ce regard rapide
Dont tu mesures la terre.

Sortie des ossements sacrés des Hellènes
Et forte de ton antique énergie,
Je te salue, je te salue, ô liberté !

Depuis longtemps tu gisais dans la poudre,
Couverte de honte, abreuvée d'amertume,
Et tu attendais qu'une voix généreuse
Te dise : « Sors de la tombe ! »

Sortie des ossements sacrés des Hellènes
Et forte de ton antique énergie,
Je te salue, je te salue, ô liberté !

Combien il tardait ce jour tant désiré !
Partout régnait un morne silence ;
Les cœurs étaient glacés de crainte,
Et comprimés par l'esclavage.

Sortie des ossements sacrés des Hellènes
Et forte de ton antique énergie,
Je te salue, je te salue, ô liberté !

Nom usuel CHYPRE • **Nom entier développé** RÉPUBLIQUE DE CHYPRE • **Date d'admission à l'ONU** 20 SEPTEMBRE 1960 • **Capitale** NICOSIE • **Langues** GREC, TURC, ANGLAIS • **Superficie** 9 250 KM² • **Population** 802 000 • **Densité de population** 86,7 HAB/KM² • **Monnaie nationale** LIVRE CHYPRIOTE • **État et régime politique** RÉPUBLIQUE UNITAIRE, RÉGIME PRÉSIDENTIEL • **Religions** ORTHODOXE (RÉGION GRECQUE), ISLAM (RÉGION TURQUE) • **Fête nationale** 1ER OCTOBRE (INDÉPENDANCE, 1959)

CZ RÉPUBLIQUE TCHÈQUE

KDE DOMOV MUJ ?/OÙ EST MON FOYER ?
Paroles de Josef Kajetán Tyl

Où est mon pays, où est ma patrie ?
Les eaux murmurent à travers les prairies,
Les forêts de pins bruissent sur les rochers escarpés,
Les fleurs du printemps scintillent dans les vergers,
Cela ressemble au paradis sur terre !
Et c'est mon superbe pays !
La terre tchèque, mon foyer ! *(bis)*

Île Kampa, Prague

Prague

Château Beinov Nao Teplu, ouest de la Bohême

Lac Adrspach

Horloge astronomique, Prague

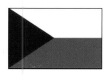

Nom usuel RÉPUBLIQUE TCHÈQUE • **Nom entier développé** RÉPUBLIQUE TCHÈQUE • **Date d'admission à l'ONU** 19 JANVIER 1993 • **Capitale** PRAGUE • **Langue** TCHÈQUE • **Superficie** 78 870 KM² • **Population** 10 236 000 • **Densité de population** 129,8 HAB/KM² • **Monnaie nationale** COURONNE TCHÈQUE • **État et régime politique** RÉPUBLIQUE UNITAIRE, RÉGIME PARLEMENTAIRE • **Religion** CATHOLICISME • **Fête nationale** 28 OCTOBRE (INDÉPENDANCE, 1918) • **Devise** LA VÉRITÉ L'EMPORTE

DE ALLEMAGNE

DEUTSCHLANDLIED/CHANT ALLEMAND
Paroles d'August Heinrich Hoffmann von Fallersleben
Musique de Josef Haydn

Union et droit et liberté
Pour la patrie allemande !
Aspirons tous à cet idéal
Dans la fraternité du cœur et de l'esprit !
Union et droit et liberté
Sont le gage de bonheur.
Rayonne dans la splendeur de ce bonheur,
Rayonne, patrie allemande !
Rayonne dans la splendeur de ce bonheur,
Rayonne, patrie allemande!

Château de Neuschwanstein

Porte de Brandebourg

Alpes bavaroises

Dresde, la vieille ville

Heidelberg, la vieille ville

Nom usuel ALLEMAGNE • **Nom entier développé** RÉPUBLIQUE FÉDÉRALE D'ALLEMAGNE • **Date d'admission à l'ONU** 18 SEPTEMBRE 1973 • **Capitale** BERLIN • **Langue** ALLEMAND • **Superficie** 357 022 KM² • **Population** 82 476 000 • **Densité de population** 231 HAB/KM² • **Monnaie nationale** EURO • **État et régime politique** RÉPUBLIQUE FÉDÉRALE, RÉGIME PARLEMENTAIRE • **Religions** PROTESTANTISME, CATHOLICISME • **Fête nationale** 3 OCTOBRE (RÉUNIFICATION, 1990) • **Devise** UNITÉ, DROIT ET LIBERTÉ

DJ DJIBOUTI

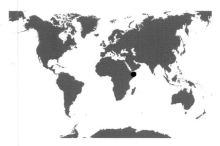

NOTRE DRAPEAU
Paroles d'Aden ELMI

Oui, nous l'avons hissé
Levons-nous pour saluer ce drapeau pour lequel
Vous avez enduré la soif et les pires épreuves
Un horizon parsemé de verdure
Se confondant avec le ciel
Un étoile rouge sang ceinte de blanc
Quel immense honneur pour vous !
Oui, quel immense honneur pour vous !

Obock

Mosquée dans la ville de Djibouti

Quartier Balbala

Obock

Port de Djibouti

Nom usuel DJIBOUTI • **Nom entier développé** RÉPUBLIQUE DE DJIBOUTI • **Date d'admission à l'ONU** 20 SEPTEMBRE 1977 • **Capitale** DJIBOUTI • **Langues** ARABE, FRANÇAIS (OFF.), AFAR, SOMALI • **Superficie** 23 200 KM² • **Population** 703 000 • **Densité de population** 30,3 HAB/KM² • **Monnaie nationale** FRANC DJIBOUTI • **État et régime politique** RÉPUBLIQUE UNITAIRE, RÉGIME PRÉSIDENTIEL AUTORITAIRE • **Religion** ISLAM • **Fête nationale** 27 JUIN (INDÉPENDANCE, 1977) • **Devise** LIBERTÉ, ÉGALITÉ, PAIX

DK DANEMARK

DER ER ET YNDIGT LAND/IL EST UN DOUX PAYS
Paroles d'Adam Gottlob Oehlenschläger

Il est un doux pays
Avec de larges hêtres
Le long des plages de l'est. *(bis)*
Il ondule en collines, vallées,
Il s'appelle le vieux Danemark
Et c'est le cénacle de Freja. *(bis)*

Y étaient assis dans les temps anciens
Des guerriers en armure,
Se reposant après les combats. *(bis)*
Avant de repartir vers l'ennemi ;
Leurs ossements reposent aujourd'hui
Sous les grands tertres ras. *(bis)*

Ce pays est toujours si beau,
Entouré du bleu de la mer
Avec ses frondaisons si vertes. *(bis)*
De belles jeunes filles et de nobles femmes
Des hommes et de vaillant garçons
Vivent sur les îles danoises. *(bis)*

Saluez la noblesse et la patrie !
Saluez chaque citoyen danois
qui agit du mieux qu'il peut ! *(bis)*
Notre vieux Danemark restera
Aussi longtemps que le hêtre reflétera
Sa cime dans la vague bleue *(bis)*.

Falaises de Mons Klint

Copenhague

La Petite Sirène, Copenhague

Jylland, Ebeltoft

Nord Seeland

Nom usuel DANEMARK • **Nom entier développé** ROYAUME DU DANEMARK • **Date d'admission à l'ONU** 24 OCTOBRE 1945 • **Capitale** COPENHAGUE • **Langue** DANOIS • **Superficie** 43 094 KM² • **Population** 5 370 000 • **Densité de population** 124 HAB/KM² • **Monnaie nationale** COURONNE DANOISE • **État et régime politique** MONARCHIE CONSTITUTIONNELLE, RÉGIME PARLEMENTAIRE • **Religion** LUTHÉRANISME • **Fête nationale** 5 JUIN (CONSTITUTION, 1953) • **Devise** L'AIDE DE DIEU, L'AMOUR DU PEUPLE, LA GRANDEUR DU DANEMARK

DM DOMINIQUE

Baie de la Soufrière

ISLE OF BEAUTY, ISLE OF SPLENDOR/ÎLE DE BEAUTÉ, ÎLE DE SPLENDEUR
Paroles de Wilfred Oscar Morgan Pond

Île de beauté, île de splendeur,
Île pour tous si douce et belle,
Émerveillés, tous regardent certainement
Tes présents si riches et rares.
Rivières, vallées, collines et montagnes,
Tous ces présents que nous louons.
Terre saine, comme toutes les fontaines,
Donnant une joie qui réchauffe l'âme.

Dominique, Dieu t'a bénie !
Avec des cieux bienveillants et lumineux,
Des pâturages verts et des fleurs superbes
Dans un ensemble de pur délice,
Et un peuple fort et sain,
Respectant et craignant Dieu.
Puissions-nous toujours Te prier
Pour ces présents si riches et si rares.

En avant, fils et filles
De ce joyau incomparable.
Luttez pour l'honneur, fils et filles,
Faites le bien, soyez solides, soyez justes.
Travaillez dur avec vos cœurs, vos mains et vos voix.
Nous devons prospérer ! Sonnez l'appel
Dans lequel chacun se réjouit.
Tous pour un, et un pour tous.

Parc national du Morne Trois Pitons

Église, réserve d'Indiens Caraïbes

Roseau

Plage de la côte ouest

Nom usuel DOMINIQUE • **Nom entier développé** COMMONWEALTH DE LA DOMINIQUE • **Date d'admission à l'ONU** 18 DÉCEMBRE 1978 • **Capitale** ROSEAU • **Langues** ANGLAIS, CRÉOLE, FRANÇAIS • **Superficie** 750 KM² • **Population** 78 600 • **Densité de population** 104,8 HAB/KM² • **Monnaie nationale** DOLLAR DES CARAÏBES ORIENTALES • **État et régime politique** ETAT UNITAIRE, RÉGIME PARLEMENTAIRE • **Religion** CATHOLICISME • **Fête nationale** 3 NOVEMBRE (INDÉPENDANCE, 1978) • **Devise** APRÈS DIEU EST LA TERRE

DO RÉPUBLIQUE DOMINICAINE

Poissons séchés

QUISQUEYANOS VALIENTES/VAILLANTS CITOYENS DE QUISQUEYA
Paroles de José Ignacio de Sanjinés

Vaillants citoyens de Quisqueya,
Élevons notre chant avec vive émotion,
Et montrons à la face du monde
Notre invincible et glorieux drapeau.
Salut au peuple qui, intrépide et fort,
Affronta la mort au combat lorsque
En une lutte mortelle
Il brisa ses chaînes d'esclave !

Aucun pays ne mérite d'être libre
S'il est un esclave servile et indolent ;
Si aucun appel ne pousse en lui
Tempéré par un héroïsme viril.
Mais la courageuse et indomptable Quisqueya
Se tiendra toujours tête haute :
Car si elle était un millier de fois réduite en esclavage
Elle arracherait sa liberté un millier de fois.

Statuette

Ruines de Saint-François

Saint-Domingue

Baobab del Pinal

Nom usuel RÉPUBLIQUE DOMINICAINE • **Nom entier développé** RÉPUBLIQUE DOMINICAINE • **Date d'admission à l'ONU** 24 OCTOBRE 1945 • **Capitale** SAINT-DOMINGUE • **Langue** ESPAGNOL • **Superficie** 48 745 KM^2 • **Population** 8 562 541 • **Densité de population** 179,5 HAB/KM^2 • **Monnaie nationale** PESO • **État et régime politique** RÉPUBLIQUE UNITAIRE, RÉGIME PRÉSIDENTIEL • **Religion** CATHOLICISME • **Fête nationale** 27 FÉVRIER (INDÉPENDANCE, 1844) • **Devise** DIEU, PATRIE, LIBERTÉ

DZ ALGÉRIE

KASSAMAN/NOUS JURONS
Paroles de Mufdi Zakariah

Nous jurons par les tempêtes dévastatrices abattues sur nous,
Par notre sang noble et pur généreusement versé,
Par les éclatants étendards flottant au vent
Sur les cimes altières de nos fières montagnes,
Que nous nous sommes dressés pour la vie ou pour la mort
Car nous avons décidé que l'Algérie vivra.
Soyez-en témoins !

Nous sommes des combattants pour le triomphe du droit,
Pour notre indépendance, nous sommes entrés en guerre.
Nul ne prêtant l'oreille à nos revendications,
Nous les avons scandées au rythme du canon
Et martelées à la cadence des mitrailleuses,
Car nous avons décidé que l'Algérie vivra.
Soyez-en témoins !

Ô France ! le temps des palabres est révolu,
Nous l'avons clos comme on ferme un livre.
Ô France ! voici venu le jour où il faut rendre des comptes !
Prépare-toi ! voici notre réponse !
Le verdict, notre révolution le rendra,
Car nous avons décidé que l'Algérie vivra.
Soyez-en témoins !

Nos braves formeront nos bataillons
Nos dépouilles seront la rançon de notre gloire
Et nos vies celle de notre immortalité,
Nous lèverons notre drapeau bien haut au-dessus de nos têtes.
Front de libération, nous t'avons juré fidélité,
Car nous avons décidé que l'Algérie vivra.
Soyez-en témoins !

Des champs de bataille monte l'appel de la patrie,
Écoutez-le et obtempérez !
Écrivez-le avec le sang des martyrs
Et enseignez-le aux générations à venir !
Ô gloire, vers toi nous tendons la main,
Car nous avons décidé que l'Algérie vivra.
Soyez-en témoins !

Djanet

Beni Isguen

Ruelle de Tlemcen

Timimoun

Touaregs et caravane de chameaux, Ahaggar

Nom usuel ALGÉRIE • **Nom entier développé** RÉPUBLIQUE ALGÉRIENNE DÉMOCRATIQUE ET POPULAIRE • **Date d'admission à l'ONU** 8 OCTOBRE 1962 • **Capitale** ALGER • **Langues** ARABE (OFF.), TAMAZIGHT, FRANÇAIS • **Superficie** 2 381 741 KM² • **Population** 31 800 000 • **Densité de population** 13,4 HAB/KM² • **Monnaie nationale** DINAR ALGÉRIEN • **État et régime politique** RÉPUBLIQUE UNITAIRE, RÉGIME PRÉSIDENTIEL • **Religion** ISLAM (RELIGION D'ÉTAT) • **Fête nationale** 1ᵉʳ NOVEMBRE (RÉVOLUTION, 1954) • **Devise** LA RÉVOLUTION PAR LE PEUPLE ET POUR LE PEUPLE

EC ÉQUATEUR

SALVE, O PATRIA/SALUT, Ô PATRIE
Paroles de Juan León Mera

Salut, ô patrie, mille fois !
Ô Patrie, gloire à toi ! Gloire à toi !
Déjà ton cœur, ton cœur déborde
De joie et de paix, ton cœur déborde ;
Et plus que le soleil, nous regardons briller,
Ton front, ton front radieux.
Et plus que le soleil, nous regardons briller,
Ton front, ton front radieux.

Les premiers, les fils de la terre
Que, superbe, décore le fier Pichincha,
T'acclamèrent pour toujours grande dame
Et versèrent leur sang pour toi.
Dieu regarda et accepta l'holocauste
Et ce sang fut le germe fécond
D'autres héros que le monde resté sans voix
Vit surgir par milliers autour de toi.
Dieu me guide, surgir par milliers, surgir par milliers.

Iguane des Galápagos

Grande place, Quito

Volcan Imbabura

Folklore, Cayambe

Quito

« Le milieu du monde »

Nom usuel ÉQUATEUR • **Nom entier développé** RÉPUBLIQUE DE L'ÉQUATEUR • **Date d'admission à l'ONU** 21 DÉCEMBRE 1945 • **Capitale** QUITO • **Langues** ESPAGNOL, QUECHUA • **Superficie** 283 580 KM^2 • **Population** 13 003 000 • **Densité de population** 45,9 HAB/KM^2 • **Monnaie nationale** DOLLAR DES ÉTATS-UNIS • **État et régime politique** RÉPUBLIQUE UNITAIRE, RÉGIME PRÉSIDENTIEL • **Religion** CATHOLICISME • **Fête nationale** 10 AOÛT (INDÉPENDANCE, 1809) • **Devise** DIEU, PATRIE ET LIBERTÉ

EE ESTONIE

Cathédrale Alexandre Nevski, Tallinn

Place de l'Hôtel de Ville, Tartu

Lac de Puhajaru, Otepää

Jagala, Niagara estonien, environs de Tallinn

Rivière Väike, Emajogi

MU ISAMAA, MU ÕNN JA RÕÕM/MON PAYS NATAL, MA JOIE, MA FIERTÉ
Paroles de Johann Voldemar Jannsen

Mon pays natal, ma joie enchantée,
Comme tu es beau et éclatant !
Nulle part dans le monde
Un tel lieu ne peut être trouvé,
Autant aimé que je t'aime,
Mon cher pays natal !

Mon petit berceau est sur ton sol
Dont la bénédiction facilite mon travail ;
Je te remercierai jusqu'à mon dernier soupir
Car jusqu'à la mort je te serai toujours fidèle !
Ô digne, aimé et délicat,
Toi, mon très cher pays !

Puisse Dieu dans le ciel te défendre
Mon cher, mon très cher pays !
Puisse-t-Il être le garde et le bouclier,
Qu'Il bénisse et appuie à jamais
Avec bonté toutes tes actions,
Toi, mon très cher pays !

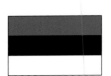

Nom usuel ESTONIE • **Nom entier développé** RÉPUBLIQUE D'ESTONIE • **Date d'admission à l'ONU** 17 SEPTEMBRE 1991 • **Capitale** TALLINN • **Langues** ESTONIEN (OFF.), RUSSE • **Superficie** 45 100 KM² • **Population** 1 323 000 • **Densité de population** 29,3 HAB/KM² (ANNÉE 2004) • **Monnaie nationale** COURONNE ESTONIENNE • **État et régime politique** RÉPUBLIQUE UNITAIRE, RÉGIME PARLEMENTAIRE • **Religions** LUTHÉRANISME, ORTHODOXE • **Fête nationale** 24 FÉVRIER (INDÉPENDANCE, 1920)

EG ÉGYPTE

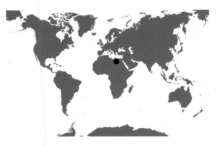

Désert Blanc, Sahara Beda

Gourna

Parc national de Ras Mohammed, Sinaï, mer Rouge

BILADI, BILADI, BILADI/MA PATRIE
Paroles de Sayed Darwish

Ma patrie, ma patrie, ma patrie consacrée,
À toi seule est dédié mon amour chaleureux.
À toi seule est dédié mon amour chaleureux.

Égypte, mère du grand pays ancien,
Mon souhait sacré et ma sainte demande,
Tous doivent t'aimer, te respecter et te chérir,
Élégant est ton Nil envers l'humanité.

Aucune main malveillante ne peut te nuire ou te tromper
Tant que tes fils libres sont forts.

Ma patrie, ma patrie, ma patrie consacrée,
À toi seule est dédié mon amour chaleureux.

Pyramides de Gizeh, Le Caire

Tombe de Ramsès, Vallée des Rois, Louqsor

Nom usuel ÉGYPTE • Nom entier développé RÉPUBLIQUE ARABE D'ÉGYPTE • Date d'admission à l'ONU 24 OCTOBRE 1945 • Capitale LE CAIRE • Langue ARABE • Superficie 1-001-450 KM² • Population 71-931-000 • Densité de population 71,8 HAB/KM² • Monnaie nationale LIVRE ÉGYPTIENNE • État et régime politique RÉPUBLIQUE UNITAIRE, RÉGIME PRÉSIDENTIEL • Religions ISLAM, ORTHODOXE (COPTES) • Fête nationale 23 JUILLET (RÉVOLUTION, 1952) • Devise SILENCE ET PATIENCE, LIBERTÉ, SOCIALISME, UNITÉ

ER ÉRYTHRÉE

Autruches

ERTRA, ERTRA, ERTRA/ÉRYTHRÉE, ÉRYTHRÉE, ÉRYTHRÉE
Paroles de Solomon Beraki

Érythrée, Érythrée, Érythrée
Ses ennemis barbares décimés
Et ses sacrifices justifiés par la libération.

Résolue dans ses buts
Symbolisant l'endurance
Érythrée, la fierté des peuples opprimés,
A prouvé que la vérité triomphe !

Érythrée, Érythrée, Érythrée
A trouvé sa place légitime dans le monde.

Porteuses d'eau, Akeleguray

Asmara

Port de Massaoua

Mer Rouge

Nom usuel ÉRYTHRÉE • Nom entier développé ÉTAT D'ÉRYTHRÉE • Date d'admission à l'ONU 28 MAI 1993 • Capitale ASMARA • Langues TIGRIGNA, ARABE (OFF.), TIGRÉ, AFAR, BILEIN, ETC. • Superficie 117 600 KM² • Population 4 141 000 • Densité de population 35,2 HAB/KM² • Monnaie nationale NAKFA • État et régime politique ÉTAT UNITAIRE, RÉGIME PRÉSIDENTIEL PROVISOIREMENT À PARTI UNIQUE (LA CONSTITUTION PRÉVOIT LE PLURALISME) • Religions ISLAM, CHRISTIANISME, ANIMISME • Fête nationale 24 MAI (INDÉPENDANCE, 1993) • Devise VICTOIRE AUX MASSES

ES ESPAGNE

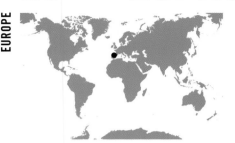

HYMNE SANS PAROLES

Séville, place d'Espagne

Grenade

Barcelone, maison réalisée par Gaudi

Corrida

Grenade, l'Alhambra

Nom usuel ESPAGNE • **Nom entier développé** ROYAUME D'ESPAGNE • **Date d'admission à l'ONU** 14 DÉCEMBRE 1955 • **Capitale** MADRID • **Langues** ESPAGNOL, CATALAN • **Superficie** 505 990 KM^2 • **Population** 41 060 000 • **Densité de population** 81,1 HAB/KM^2 • **Monnaie nationale** EURO • **État et régime politique** MONARCHIE CONSTITUTIONNELLE, RÉGIME PARLEMENTAIRE • **Religion** CATHOLICISME • **Fête nationale** 12 OCTOBRE (« FÊTE DE L'HISPANITÉ », DÉCOUVERTE DE L'AMÉRIQUE PAR COLOMB) • **Devise** ENCORE ET AU-DELÀ

ET ÉTHIOPIE

Le Nil bleu

Gondar, ancien palais Fasilidas

WHEDEFIT GESGESHI WOUDE HENATE ETHIOPIA/EN AVANT, CHÈRE MÈRE ETHIOPIE
Paroles de Dereje Melaku Mengesha

Le respect de la citoyenneté est fort dans notre Éthiopie ;
D'un bout à l'autre du pays brille la fierté nationale.
Nous nous tenons unis pour la paix, pour la justice,
Pour la liberté des peuples, dans l'égalité et dans l'amour.
Solides sur nos fondations, nous ne rejetons pas l'humanité ;
Nous sommes des gens qui vivons par le travail.
Merveilleuse est la voie de la tradition, maîtresse d'un fier héritage,
Mère de naturelle vertu, mère d'un peuple valeureux.
Nous te protégerons – c'est notre devoir-;
Que vive notre Éthiopie ! Et soyons fiers de toi !

Monastère du Tigray

Harar

Bahar Dar, chutes et départ du Nil bleu

Nom usuel ÉTHIOPIE • **Nom entier développé** RÉPUBLIQUE DÉMOCRATIQUE FÉDÉRALE D'ÉTHIOPIE • **Date d'admission à l'ONU** 13 NOVEMBRE 1945 • **Capitale** ADDIS-ABÉBA • **Langues** AMHARIQUE (OFF.), OROMO, TIGRIGNA, AFAR, ETC. • **Superficie** 1 104 300 KM² • **Population** 70 678 000 • **Densité de population** 64 HAB/KM² • **Monnaie nationale** BIRR • **État et régime politique** RÉPUBLIQUE FÉDÉRALE, RÉGIME AUTORITAIRE • **Religions** ORTHODOXE (COPTES), ISLAM, ANIMISME • **Fête nationale** 28 MAI (RENVERSEMENT DU DERGUE, 1991) • **Devise** L'ÉTHIOPIE D'ABORD

FI FINLANDE

EUROPE

Laponie

Renne, Laponie

Helsinski

Cathédrale Tuomiokinkko, Helsinski

Lac Piclinen

MAAMME/VART LAND/NOTRE PAYS
Paroles de Johan Ludvig Runeberg (version suédoise)
Paroles de Paavo Eemil Kajander (version finnoise)

Patrie ! Ô patrie ! Notre pays natal !
Retentis bien haut, nom chéri !
Il n'est pas une cime dressée au bord du ciel,
Pas une vallée profonde, pas une rive baignée par la mer
Qui soit plus aimée que notre terre du Nord,
Le pays de nos pères !

Notre pays est pauvre
Et le sera toujours pour qui demande de l'or.
L'étranger passera dédaigneusement devant lui sans s'arrêter,
Mais nous l'aimons ainsi.
Avec ses landes, ses rochers, ses récifs,
C'est pour nous un pays d'or.

Ton épanouissement encore contenu
Dans le bouton éclatera un jour,
Délivré de toute contrainte.
Vois ! Ta lumière, ton espoir, ta splendeur, ta joie
Surgiront de notre tendresse,
Et notre hymne filial retentira alors plus haut que jamais.

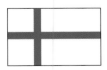

Nom usuel FINLANDE • **Nom entier développé** RÉPUBLIQUE DE FINLANDE • **Date d'admission à l'ONU** 14 DÉCEMBRE 1955 • **Capitale** HELSINKI • **Langues** FINNOIS, SUÉDOIS • **Superficie** 338 100 KM^2 • **Population** 5 236 611 • **Densité de population** 15,5 HAB/KM^2 • **Monnaie nationale** EURO • **État et régime politique** RÉPUBLIQUE UNITAIRE, RÉGIME PARLEMENTAIRE • **Religion** LUTHÉRANISME • **Fête nationale** 6 DÉCEMBRE (INDÉPENDANCE, 1917)

FJ FIDJI

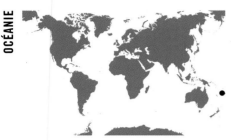

Poisson papillon et corail

Maisons traditionnelles

Temple hindou, Nadi

MEDA DAU DOKA/GOD BLESS FIJI/DIEU BÉNISSE LES FIDJI
Paroles de Michael Francis Alexander Prescott

Accorde ta bénédiction, Dieu des nations, sur les îles Fidji,
Alors que nous nous tenons unis sous la noble bannière bleue
Et honorons et défendons à jamais la cause de la liberté.
En avant, marchons ensemble, Dieu bénisse les Fidji.

Pour les Fidji, toujours les Fidji, laissons nos voix résonner fièrement.
Pour les Fidji, toujours les Fidji, saluons partout son nom,
Une terre de liberté, d'espoir et de gloire prête à tout endurer.
Puisse Dieu bénir les Fidji
Pour toujours-!

Accorde ta bénédiction, Dieu des nations, sur les îles Fidji,
Rivages de sable doré et soleil, bonheur et chansons.
Tenons-nous unis, Fidjiens, gloire et renommée pour toujours.
En avant, marchons ensemble, Dieu bénisse les Fidji.

Cultures

Nom usuel FIDJI • **Nom entier développé** RÉPUBLIQUE DES FIDJI • **Date d'admission à l'ONU** 13 OCTOBRE 1970 • **Capitale** SUVA • **Langues** ANGLAIS, FIDJIEN, HINDI • **Superficie** 18 270 KM² • **Population** 839 000 • **Densité de population** 45,9 HAB/KM² • **Monnaie nationale** DOLLAR FIDJIEN • **État et régime politique** RÉPUBLIQUE PARLEMENTAIRE • **Religions** CHRISTIANISME, HINDOUISME • **Fête nationale** 10 OCTOBRE (INDÉPENDANCE, 1970) • **Devise** CRAINS DIEU ET HONORE LA REINE

FM MICRONÉSIE

OCÉANIE

Attol, Pohnpei

Atoll de Pakin

Baie de Sokehs Rock, Pohnpei

Fleur de frangipanier, Chuuk

PATRIOTS OF MICRONESIA/PATRIOTES DE MICRONÉSIE
Paroles d'Emi Amy Mukaida

Nous, peuple de Micronésie,
Exerçons notre souveraineté.
Établissons notre constitution
D'États fédérés.
Affirmons notre souhait commun
De vivre en paix et en harmonie.
Pour préserver l'héritage du passé
Et les promesses de l'avenir.

Refrain
Faire une nation à partir de nombreuses îles,
Diversité de nos cultures.
Nos différences nous enrichiront,
Les flots nous rassemblent.
Ils ne nous séparent pas.
Ils nous soutiennent.
Nos îles et notre nation
Grandissent et nous rendent plus forts
Et nous rendent bien plus forts.

Nos ancêtres ont établi ici leurs foyers,
Ne supplantant personne,
Nous qui restons voulons l'unité.
Ayant été dominés, nous cherchons la liberté,
Nos jours ont commencé quand les hommes
Ont exploré les mers sur des radeaux et des canoës.
Notre nation est née quand les hommes ont voyagé
Sur les mers en se guidant sur les étoiles.

Refrain

Le monde lui-même est une île
Nous sommes vus par toutes les nations.
Paix, amitié, coopération,
Amour et humanité.
Avec cette constitution,
Nous devenons maintenant les fiers gardiens
De nos superbes îles.

Refrain

Nom usuel MICRONÉSIE • **Nom entier développé** ÉTATS FÉDÉRÉS DE MICRONÉSIE • **Date d'admission à l'ONU** 17 SEPTEMBRE 1991 • **Capitale** PALIKIR (ÉTAT DE POHNPEI) • **Langue** ANGLAIS • **Superficie** 700 KM^2 • **Population** 109 000 • **Densité de population** 156,2 HAB/KM^2 • **Monnaie nationale** DOLLAR DES ÉTATS-UNIS • **État et régime politique** RÉPUBLIQUE FÉDÉRALE INDÉPENDANTE EN LIBRE ASSOCIATION AVEC LES ÉTATS-UNIS, RÉGIME PARLEMENTAIRE • **Religion** CHRISTIANISME • **Fête nationale** 10 MAI (INDÉPENDANCE, 1979)

FR FRANCE

Mont-Saint-Michel

Tour Eiffel, Paris

Château de Chambord

LA MARSEILLAISE
Paroles de Claude Joseph Rouget de Lisle

Allons enfants de la patrie
Le jour de gloire est arrivé !
Contre nous de la tyrannie
L'étendard sanglant est levé. *(bis)*
Entendez-vous dans nos campagnes
Mugir ces féroces soldats ?
Ils viennent jusque dans vos bras.
Égorger vos fils, vos compagnes !

Refrain
Aux armes citoyens
Formez vos bataillons
Marchons, marchons
Qu'un sang impur
Abreuve nos sillons

Que veut cette horde d'esclaves
De traîtres, de rois conjurés ?
Pour qui ces ignobles entraves
Ces fers dès longtemps préparés ? *(bis)*
Français, pour nous, ah ! quel outrage
Quels transports il doit exciter ?
C'est nous qu'on ose méditer
De rendre à l'antique esclavage !

Refrain

Quoi ! ces cohortes étrangères !
Feraient la loi dans nos foyers !
Quoi ! ces phalanges mercenaires
Terrasseraient nos fils guerriers ! *(bis)*
Grand Dieu ! par des mains enchaînées
Nos fronts sous le joug se ploieraient
De vils despotes deviendraient
Les maîtres des destinées.

Refrain

Tremblez, tyrans et vous perfides
L'opprobre de tous les partis
Tremblez ! vos projets parricides !
Vont enfin recevoir leurs prix ! *(bis)*
Tout est soldat pour vous combattre
S'ils tombent, nos jeunes héros
La France en produit de nouveaux,
Contre vous tout prêts à se battre.

Refrain

Français, en guerriers magnanimes
Portez ou retenez vos coups !
Épargnez ces tristes victimes
À regret s'armant contre nous. *(bis)*
Mais ces despotes sanguinaires
Mais ces complices de Bouillé
Tous ces tigres qui, sans pitié
Déchirent le sein de leur mère !

Refrain

Amour sacré de la Patrie
Conduis, soutiens nos bras vengeurs
Liberté, Liberté chérie
Combats avec tes défenseurs. *(bis)*
Sous nos drapeaux, que la victoire
Accoure à tes mâles accents !
Que tes ennemis expirants
Voient ton triomphe et notre gloire !

Refrain

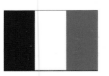

Nom usuel FRANCE • **Nom entier développé** RÉPUBLIQUE FRANÇAISE • **Date d'admission à l'ONU** 24 OCTOBRE 1945 • **Capitale** PARIS • **Langue** FRANÇAIS • **Superficie** 551 500 KM² • **Population** 60 144 000 • **Densité de population** 109,1 HAB/KM² • **Monnaie nationale** EURO • **État et régime politique** RÉPUBLIQUE UNITAIRE, RÉGIME PARLEMENTAIRE AVEC POUVOIR PRÉSIDENTIEL • **Religion** CATHOLICISME • **Fête nationale** 14 JUILLET (PRISE DE LA BASTILLE, 1789) • **Devise** LIBERTÉ, ÉGALITÉ, FRATERNITÉ

GA GABON

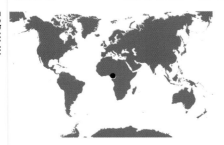

LA CONCORDE
Paroles de Georges Aleka Damas

Refrain
Uni dans la concorde et la fraternité,
Éveille-toi Gabon, une aurore se lève,
Encourage l'ardeur qui vibre et nous soulève !
C'est enfin notre essor vers la félicité. *(bis)*

Éblouissant et fier, le jour sublime monte
Pourchassant à jamais l'injustice et la honte.
Qu'il monte, monte encore et calme nos alarmes,
Qu'il prône la vertu et repousse les armes.

Refrain

Oui, que le temps heureux rêvé par nos ancêtres
Arrive enfin chez nous, réjouisse les êtres,
Et chasse les sorciers, ces perfides trompeurs
Qui semaient le poison et répandaient la peur.

Refrain

Afin qu'aux yeux du monde et des nations amies
Le Gabon immortel reste digne d'envie,
Oublions nos querelles, ensemble bâtissons
L'édifice nouveau auquel tous nous rêvons.

Refrain

Des bords de l'Océan au cœur de la forêt,
Demeurons vigilants, sans faiblesse et sans haine !
Autour de ce drapeau, qui vers l'honneur nous mène,
Saluons la Patrie et chantons sans arrêt !

Refrain

Exportation du bois tropical

Mandrill

Côte gabonaise

Libreville

Nom usuel GABON • **Nom entier développé** RÉPUBLIQUE GABONAISE • **Date d'admission à l'ONU** 20 SEPTEMBRE 1960 • **Capitale** LIBREVILLE • **Langues** FRANÇAIS, (OFF.), LANGUES BANTOU • **Superficie** 267 670 KM² • **Population** 1 329 000 • **Densité de population** 5 HAB/KM² • **Monnaie nationale** FRANC CFA • **État et régime politique** RÉPUBLIQUE UNITAIRE, RÉGIME PRÉSIDENTIEL • **Religions** CHRISTIANISME, ANIMISME • **Fête nationale** 17 AOÛT (INDÉPENDANCE, 1960) • **Devise** UNION, TRAVAIL, JUSTICE

GB ROYAUME-UNI

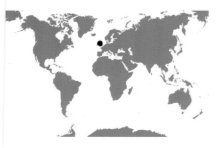

GOD SAVE THE QUEEN/DIEU SAUVE LA REINE
Auteur anonyme

Dieu sauve notre gracieuse reine,
Longue vie à notre noble reine,
Dieu sauve la reine.
Qu'un règne victorieux,
Heureux et glorieux,
S'étende longtemps sur nous :
Dieu sauve la reine.

Ô Seigneur, ô Dieu, élève-la,
Disperse ses ennemis,
Et provoque leur chute ;
Emmêle leurs stratagèmes,
Empêche leurs tours de coquin,
En toi s'ancrent nos espérances :
Dieu sauve nous tous.

Les présents de choix que tu gardes,
Répands-les sur elle,
Que son règne dure longtemps.
Qu'elle défende nos lois,
Et nous donne toujours l'envie
De chanter avec notre cœur et notre voix,
Dieu sauve la reine.

Big Ben et bus à impériale, Londres

Chelsea, Londres

Pub *Sherlock Holmes*, Londres

Relève de la garde, Londres

Château Urquhart, loch Ness, Écosse

Oxford

Nom usuel ROYAUME-UNI • **Nom entier développé** ROYAUME-UNI DE GRANDE-BRETAGNE ET D'IRLANDE DU NORD • **Date d'admission à l'ONU** 24 OCTOBRE 1945 • **Capitale** LONDRES • **Langues** ANGLAIS, GALLOIS, GAÉLIQUE ÉCOSSAIS • **Superficie** 242 910 KM^2 • **Population** 59 251 000 • **Densité de population** 243,9 HAB/KM^2 • **Monnaie nationale** LIVRE STERLING • **État et régime politique** MONARCHIE CONSTITUTIONNELLE, RÉGIME PARLEMENTAIRE • **Religions** ANGLICANISME, PROTESTANTISME, CATHOLICISME • **Fête nationale** 21 AVRIL (ANNIVERSAIRE D'ÉLISABETH II) • **Devise** DIEU ET MON DROIT

GD GRENADE

Village de Gouyave

Marché de Saint George's

Cabosse de cacao

Baie de Grande Anse

Lance aux Épines

HAIL, GRENADA/SALUT, GRENADE
Paroles d'Irva Merle Baptiste

Salut, Grenade, notre terre,
Nous nous engageons envers toi,
Têtes, cœur et mains unis
Pour atteindre notre destinée.
Toujours conscients de Dieu,
Fiers de notre héritage,
Puissions-nous, avec foi et courage
Vouloir, avancer, construire
Comme un seul peuple, une seule famille.
Dieu bénisse notre nation.

Nom usuel GRENADE • **Nom entier développé** GRENADE • **Date d'admission à l'ONU** 17 SEPTEMBRE 1974 • **Capitale** SAINT GEORGE'S • **Langue** ANGLAIS • **Superficie** 340 KM² • **Population** 80 300 • **Densité de population** 236,2 HAB/KM² • **Monnaie nationale** DOLLAR DES CARAÏBES ORIENTALES • **État et régime politique** ÉTAT UNITAIRE, RÉGIME PARLEMENTAIRE • **Religion** CHRISTIANISME • **Fête nationale** 7 FÉVRIER (INDÉPENDANCE, 1974) • **Devise** LA CLARTÉ SUIT LES TÉNÈBRES

GE GÉORGIE

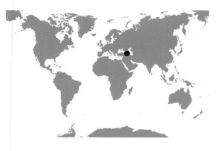

Fleurs sauvages, Lentekhi, Caucase

TAVISUPLEBA/LIBERTÉ

Ma patrie est une icône,
Et son écrin est le monde.
Monts et vallées de lumière
Sont partagés avec Dieu

Aujourd'hui notre Liberté
Chante la gloire du futur
L'étoile du matin se lève
Et brille entre les deux mers

Louée soit la Liberté
Louée soit la Liberté

Rivière Kura, Tbilissi

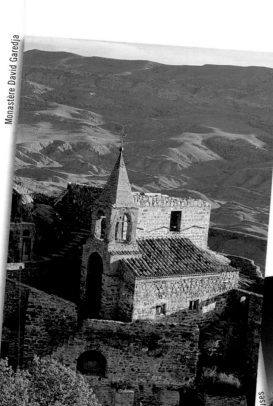

Monastère David Garedja

Formations rocheuses

Monastère Shiomguime

Nom usuel GÉORGIE • **Nom entier développé** RÉPUBLIQUE DE GÉORGIE • **Date d'admission à l'ONU** 31 JUILLET 1992 • **Capitale** TBILISSI • **Langues** GÉORGIEN (OFF.), RUSSE, ABKHASE • **Superficie** 69 700 KM² • **Population** 5 126 000 • **Densité de population** 73,5 HAB/KM² • **Monnaie nationale** LARI • **État et régime politique** RÉPUBLIQUE UNITAIRE, RÉGIME PRÉSIDENTIEL • **Religion** ORTHODOXE • **Fête nationale** 26 MAI (INDÉPENDANCE, 1918)

GH GHANA

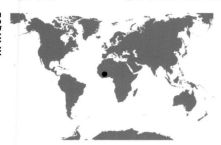

Pirogue sur la Volta, Ada

Siriju

Accra

Marché de Bonwire

HAIL THE NAME OF GHANA/SALUONS LE NOM DU GHANA
Paroles écrites par le gouvernement du Ghana

Dieu bénisse le Ghana, notre patrie,
Et en fasse une grande et forte nation,
Hardie à défendre pour toujours
La cause de la liberté et du droit ;
Qu'il remplisse nos cœurs d'une réelle humilité,
Nous fasse chérir sans peur l'honnêteté,
Et nous aide à résister à la domination des oppresseurs
Avec toute notre volonté et peut-être plus encore.

Saluons ton nom, ô Ghana,
À toi nous faisons notre promesse solennelle :
Résolus à construire ensemble
Une nation forte et unie ;
Avec le don de l'esprit et la force de nos bras,
Jour et nuit, au milieu de la tempête,
Quels que soient le besoin et la raison de l'appel,
Pour te servir, Ghana, maintenant et toujours.

Que flotte haut le drapeau du Ghana,
Uni avec l'Afrique qui progresse ;
Étoile noire de l'espoir et de l'honneur,
Pour tous ceux qui ont soif de liberté ;
Où la bannière du Ghana flotte librement,
Puisse s'étendre la route de la liberté.
Debout, debout, ô fils du Ghana,
Marchons à jamais sous la protection de Dieu !

Jarres peintes

Nom usuel GHANA • **Nom entier développé** RÉPUBLIQUE DU GHANA • **Date d'admission à l'ONU** 8 MARS 1957 • **Capitale** ACCRA • **Langues** ANGLAIS (OFF.), AKAN, MOSSI, ETC • **Superficie** 238 540 KM^2 • **Population** 20 922 000 • **Densité de population** 87,7 HAB/KM^2 • **Monnaie nationale** CEDI • **État et régime politique** RÉPUBLIQUE UNITAIRE, RÉGIME PRÉSIDENTIEL • **Religions** CHRISTIANISME, ISLAM, ANIMISME • **Fête nationale** 6 MARS (INDÉPENDANCE, 1957) • **Devise** LIBERTÉ ET JUSTICE

GM GAMBIE

AFRIQUE

FOR THE GAMBIA, OUR HOMELAND/POUR LA GAMBIE, NOTRE PATRIE
Paroles de Virginia Julie Howe

Pour la Gambie, notre patrie,
Nous luttons, travaillons et prions
Pour que tous puissent vivre dans l'unité,
La liberté et la paix chaque jour.
Que la justice guide nos actions
Vers le bien commun,
Et unissons nos différents peuples
Pour prouver la fraternité des hommes.

Nous faisons fermement allégeance,
Nous renouvelons notre promesse ;
Garde-nous, grand Dieu des nations,
À la Gambie toujours authentique.

Plantation de riz, rivière Gambie

Canoë ferry, rivière Gambie

Banjul

Baobab et mosquée

Vente de batiks

Cercle de pierres, Wassau

Nom usuel GAMBIE • **Nom entier développé** RÉPUBLIQUE DE GAMBIE • **Date d'admission à l'ONU** 21 SEPTEMBRE 1965 • **Capitale** BANJUL • **Langues** ANGLAIS (OFF.), OUOLOF, PEUL, ETC. • **Superficie** 11 300 KM² • **Population** 1 426 000 • **Densité de population** 126,2 HAB/KM² • **Monnaie nationale** DALASI • **État et régime politique** RÉPUBLIQUE UNITAIRE, RÉGIME PARLEMENTAIRE • **Religion** ISLAM • **Fête nationale** 18 FÉVRIER (INDÉPENDANCE, 1965) • **Devise** PROGRÈS, PAIX, PROSPÉRITÉ

GN GUINÉE

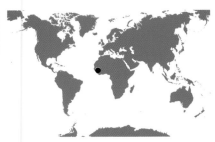

LIBERTÉ
Paroles de Fodeba Keita

Peuple d'Afrique !
Le passé historique !
Que chante l'hymne de la Guinée fière et jeune,
Illustre épopée de nos frères
Morts au champ d'honneur en libérant l'Afrique !
Le peuple de Guinée prêchant l'unité
Appelle l'Afrique.
Liberté ! C'est la voix d'un peuple
Qui appelle tous ses frères à se retrouver.
Liberté ! C'est la voix d'un peuple
Qui appelle tous ses frères de la grande Afrique.
Bâtissons l'unité africaine dans l'indépendance retrouvée.

Marché, Conakry

Pont de singe

Dépôt de bois, environs de Conakry

Port de Conakry

Côte guinéenne

Nom usuel GUINÉE • **Nom entier développé** RÉPUBLIQUE DE GUINÉE • **Date d'admission à l'ONU** 12 DÉCEMBRE 1958 • **Capitale** CONAKRY • **Langues** FRANÇAIS (OFF.), MALINKÉ, PEUL, ETC. • **Superficie** 245 860 KM² • **Population** 8 480 000 • **Densité de population** 34,5 HAB/KM² • **Monnaie nationale** FRANC GUINÉEN • **État et régime politique** RÉPUBLIQUE UNITAIRE, RÉGIME PRÉSIDENTIEL • **Religions** ISLAM, DIVERSES CROYANCES TRADITIONNELLES, CHRISTIANISME • **Fête nationale** 2 OCTOBRE (RÉPUBLIQUE, 1958) • **Devise** TRAVAIL, JUSTICE, SOLIDARITÉ

GQ GUINÉE ÉQUATORIALE

Inselberg

Centre-ville, Malabo

Bioko

CANTEMOS LIBERTAD/CHANTONS LA LIBERTÉ
Paroles d'Atanasio Ndongo Miyono

Marchons sur les chemins
De notre immense joie.
En fraternité, sans divisions,
Chantons la liberté !
Derrière nous, deux siècles
De domination coloniale.
Unis en fraternité, sans discrimination,
Chantons la liberté !
Crions Vive la Guinée libre !
Défendons notre liberté.
Chantons toujours, libre Guinée,
Et gardons toujours notre unité.
Crions Vive la Guinée libre !
Défendons notre liberté.
Chantons toujours, libre Guinée,
Et gardons toujours l'indépendance nationale,
Et gardons, gardons toujours
Notre indépendance nationale.

Malabo

Nom usuel GUINÉE ÉQUATORIALE • **Nom entier développé** RÉPUBLIQUE DE GUINÉE ÉQUATORIALE • **Date d'admission à l'ONU** 12 NOVEMBRE 1968 • **Capitale** MALABO • **Langues** ESPAGNOL, FRANÇAIS • **Superficie** 28 050 KM² • **Population** 494 000 • **Densité de population** 17,6 HAB/KM² • **Monnaie nationale** FRANC CFA • **État et régime politique** RÉPUBLIQUE UNITAIRE, RÉGIME PRÉSIDENTIEL • **Religions** CATHOLICISME, DIVERSES CROYANCES TRADITIONNELLES • **Fête nationale** 12 OCTOBRE (INDÉPENDANCE, 1968) • **Devise** UNITÉ, PAIX, JUSTICE

GR GRÈCE

EUROPE

HUMNOS EIS TIN ELPHTHERIAN/HYMNE À LA LIBERTÉ

Paroles de Dionysios Solomós

Je te reconnais au tranchant
De ton glaive redoutable ;
Je te reconnais à ce regard rapide
Dont tu mesures la terre.

Sortie des ossements sacrés des Hellènes
Et forte de ton antique énergie,
Je te salue, je te salue, ô liberté !

Depuis longtemps tu gisais dans la poudre,
Couverte de honte, abreuvée d'amertume,
Et tu attendais qu'une voix généreuse
Te dise : « Sors de la tombe ! »

Sortie des ossements sacrés des Hellènes
Et forte de ton antique énergie,
Je te salue, je te salue, ô liberté !

Combien il tardait ce jour tant désiré !
Partout régnait un morne silence ;
Les cœurs étaient glacés de crainte,
Et comprimés par l'esclavage.

Sortie des ossements sacrés des Hellènes
Et forte de ton antique énergie,
Je te salue, je te salue, ô liberté !

Zante

Delphes

Athènes

Santorin

Les Météores

Hydra

Nom usuel GRÈCE • **Nom entier développé** RÉPUBLIQUE HELLÉNIQUE • **Date d'admission à l'ONU** 25 OCTOBRE 1945 • **Capitale** ATHÈNES • **Langue** GREC MODERNE • **Superficie** 131 960 KM² • **Population** 10 976 000 • **Densité de population** 83,2 HAB/KM² • **Monnaie nationale** EURO • **État et régime politique** RÉPUBLIQUE UNITAIRE, RÉGIME PARLEMENTAIRE • **Religion** ORTHODOXE • **Fête nationale** 25 MARS (SOULÈVEMENT CONTRE LES TURCS, 1821) • **Devise** LA LIBERTÉ OU LA MORT

GT GUATEMALA

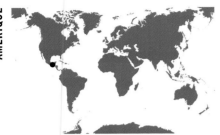

Lac Atitlán

Marché de Chichicastenango

¡ GUATEMALA FELIZ !/HEUREUX GUATEMALA !
Paroles de José Joaquín Palma

Heureux Guatemala ! Que ton autel
Ne soit jamais profané par le bourreau ;
Qu'il n'y ait ni esclaves souffrant sous le joug
Ni tyrans crachant sur ton visage.
Si demain ton sol sacré
Est menacé de l'invasion étrangère,
Ton drapeau bien-aimé libre dans le vent
Nous appellera à nous venger ou à mourir.

Ton drapeau bien-aimé libre dans le vent
Nous appellera à nous venger ou à mourir ;
Car ton peuple, de toute âme féroce
Sera plutôt mort qu'esclave.

Préparation de la procession du vendredi saint

Solola

Église de la Merced, Antigua

Nom usuel GUATEMALA • **Nom entier développé** RÉPUBLIQUE DU GUATEMALA • **Date d'admission à l'ONU** 21 NOVEMBRE 1945 • **Capitale** CIUDAD GUATEMALA • **Langues** ESPAGNOL (OFF.), LANGUES MAYAS • **Superficie** 108 890 KM² • **Population** 12 347 000 • **Densité de population** 113,4 HAB/KM² • **Monnaie nationale** QUETZAL • **État et régime politique** RÉPUBLIQUE UNITAIRE, RÉGIME PRÉSIDENTIEL • **Religion** CATHOLICISME • **Fête nationale** 15 SEPTEMBRE (INDÉPENDANCE, 1821) • **Devise** LIBERTÉ

GW GUINÉE-BISSAU

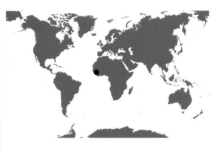

Chaman, île Bubaque

ESTA É A NOSSA PÁTRIA BEM AMADA/C'EST NOTRE PAYS BIEN-AIMÉ
Paroles d'Amilcar Lopes Cabral

Soleil, sueur, verdure et mer,
Siècles de douleur et d'espoir :
Ceci est la terre de nos ancêtres !
Fruit de nos mains,
Fleur de notre sang :
C'est notre pays bien-aimé.

Longue vie à notre glorieux pays !
La bannière de la lutte a flotté dans les cieux.
En avant, contre le joug de l'étranger !
Nous construirons
Pour notre patrie immortelle
La paix et le progrès !
Nous construirons
Pour notre patrie immortelle
La paix et le progrès ! La paix et le progrès !

Branches d'un même tronc,
Les yeux brillant d'une même lumière :
C'est la force de notre unité-!
La mer et la terre
L'aube et la soleil
Chantent que notre lutte est féconde.

Longue vie à notre glorieux pays !
La bannière de la lutte a flotté dans les cieux.
En avant, contre le joug de l'étranger !
Nous construirons
Pour notre patrie immortelle
La paix et le progrès !
Nous construirons
Pour notre patrie immortelle
La paix et le progrès ! La paix et le progrès !

Rue de Bissau

Village des îles Bijagos

Pêcheur, îles Bijagos

Nom usuel GUINÉE-BISSAU • **Nom entier développé** RÉPUBLIQUE DE GUINÉE-BISSAU • **Date d'admission à l'ONU** 17 SEPTEMBRE 1974 • **Capitale** BISSAU • **Langues** PORTUGAIS (OFF.), CRÉOLE • **Superficie** 36 120 KM^2 • **Population** 1 493 000 • **Densité de population** 41,3 HAB/KM^2 • **Monnaie nationale** FRANC CFA • **État et régime politique** RÉPUBLIQUE UNITAIRE, RÉGIME PARLEMENTAIRE **Religions** ANIMISME, ISLAM, CHRISTIANISME • **Fête nationale** 24 SEPTEMBRE (INDÉPENDANCE, 1974) • **Devise** UNITÉ, LUTTE, PROGRÈS

GY GUYANA

« Inselberg »

Vue aérienne

Chutes Kaieteur

DEAR LAND OF GUYANA/CHÈRE TERRE DE GUYANA
Paroles d'Archibald Leonard Luker

Chère terre de Guyana, de rivières et de plaines ;
Rendue riche par le soleil et luxuriante par la pluie,
Posée comme une pierre précieuse, et belle entre montagne et mer,
Tes enfants te saluent, chère terre des hommes libres.

Verte terre de Guyana, nos héros,
À la fois esclaves et hommes libres, ont laissé leurs os sur ton rivage.
Ils ont consacré ce sol, et par eux nous le sommes,
Tous fils d'une seule mère, Guyana la libre.

Grande terre de Guyana, diverse en dépit de nos épreuves,
Nous sommes nés de leur sacrifice, héritiers de leurs souffrances,
Et nôtre est la gloire que leurs yeux n'ont pas vue,
Un pays composé de six peuples, unis et libres.

Chère terre de Guyana, à toi nous donnerons
Notre hommage, notre service, chaque jour de notre vie ;
Que Dieu te garde, grande mère, et fais-nous
Mériter ton héritage, terre des hommes libres.

Piroguier et perroquets allant au marché

Cathédrale de Saint-Georges

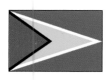

Nom usuel GUYANA • **Nom entier développé** RÉPUBLIQUE COOPÉRATIVE DE GUYANA • **Date d'admission à l'ONU** 20 SEPTEMBRE 1966 • **Capitale** GEORGETOWN • **Langue** ANGLAIS • **Superficie** 214 970 KM^2 • **Population** 765 000 • **Densité de population** 3,6 HAB/KM^2 • **Monnaie nationale** DOLLAR DE GUYANA • **État et régime politique** RÉPUBLIQUE UNITAIRE, RÉGIME PRÉSIDENTIEL • **Religions** CHRISTIANISME, HINDOUISME, ISLAM • **Fête nationale** 23 FÉVRIER (RÉPUBLIQUE, 1970) • **Devise** UN PEUPLE, UNE NATION, UN DESTIN

HN HONDURAS

Paysage rural

Chute de Pulaphanzak

TU BANDERA/TON DRAPEAU
Paroles d'Augusto Constancio Coello

Refrain
Ton drapeau, ton drapeau,
Est une lumière céleste
Par un bloc, par un bloc
De neige traversé ;
Et là peuvent être vues dans sa profondeur sacrée
Cinq étoiles bleu pâle ;
Dans notre emblème, qu'une mer agitée
Protège de ses vagues sauvages,
Il y a un volcan, il y a un volcan,
Et derrière son sommet nu
Il y a une étoile, il y a une étoile
Qui brille lumineuse.

Comme une Indienne vierge et belle
Tu dormais, bercé par le chant de tes mers,
Quand, enchâssé dans tes vallées d'or,
L'audacieux navigateur t'a trouvé ;
Et en voyant, enthousiaste, ta beauté
Et ressentant ton enchantement,
Il adressa un baiser d'amour à l'ourlet bleu
De ton manteau splendide.

Refrain

Pour garder ce merveilleux emblème
Nous marcherons, ô patrie, à la mort,
Généreuse sera notre destinée,
Si nous mourons en pensant à ton amour.
En défendant notre drapeau sacré
Et enveloppés dans ses plis glorieux
Ils seront nombreux, Honduras, à mourir pour toi,
Car tous tomberont avec honneur.

Refrain

Tela

Autel colonial

Église Dolores, Tegucigalpa

Nom usuel HONDURAS • **Nom entier développé** RÉPUBLIQUE DU HONDURAS • **Date d'admission à l'ONU** 17 DÉCEMBRE 1945 • **Capitale** TEGUCIGALPA • **Langues** ESPAGNOL, DIVERSES LANGUES INDIENNES • **Superficie** 112 090 KM² • **Population** 6 485 000 • **Densité de population** 57,8 HAB/KM² • **Monnaie nationale** LEMPIRA • **État et régime politique** RÉPUBLIQUE UNITAIRE, RÉGIME PRÉSIDENTIEL • **Religion** CATHOLICISME • **Fête nationale** 15 SEPTEMBRE (INDÉPENDANCE, 1821) • **Devise** LIBRE, SOUVERAINE, INDÉPENDANTE

HR CROATIE

EUROPE

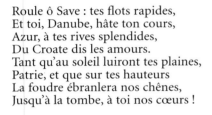

LIJEPA NASA DOMOVINO/NOTRE BELLE PATRIE
Paroles d'Antun Mihanovic

Notre belle patrie,
Qu'elle est belle notre patrie,
Féconde mère de héros,
À jamais sois fière et chérie, antique legs de leurs travaux !
Notre amour égal à ta gloire,
Notre amour est seul pour toi.
Nous aimons tes plaines de moire,
Tes montagnes au port de roi.

Roule ô Save : tes flots rapides,
Et toi, Danube, hâte ton cours,
Azur, à tes rives splendides,
Du Croate dis les amours.
Tant qu'au soleil luiront tes plaines,
Patrie, et que sur tes hauteurs
La foudre ébranlera nos chênes,
Jusqu'à la tombe, à toi nos cœurs !

Split

Zagreb, Cour constitutionnelle

Hvar

Arènes de Pula

Dubrovnik

Nom usuel CROATIE • **Nom entier développé** RÉPUBLIQUE DE CROATIE • **Date d'admission à l'ONU** 22 MAI 1992 • **Capitale** ZAGREB • **Langue** CROATE • **Superficie** 56 540 KM² • **Population** 4 428 000 • **Densité de population** 78,3 HAB/KM² • **Monnaie nationale** KUNA • **État et régime politique** RÉPUBLIQUE UNITAIRE, RÉGIME PRÉSIDENTIEL • **Religion** CATHOLICISME • **Fête nationale** 30 MAI (ÉLECTION DE FRANJO TUDJMAN, 1990)

HT HAÏTI

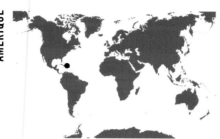

DESALINYÈN/LA DESSALINIENNE
Paroles de Justin Lhérisson

Pour le Pays, pour les Ancêtres
Marchons unis, marchons unis
Dans nos rangs point de traîtres
Du sol soyons seuls maîtres
Marchons unis, marchons unis
Pour le Pays, pour les Ancêtres
Marchons, marchons, marchons unis
Pour le Pays, pour les Ancêtres

Pour les Aïeux, pour la Patrie
Bêchons joyeux, bêchons joyeux
Quand le champ fructifie
L'âme se fortifie
Bêchons joyeux, bêchons joyeux
Pour les Aïeux, pour la Patrie
Bêchons, bêchons, bêchons joyeux
Pour les Aïeux, pour la Patrie

Pour le Pays et pour nos Pères
Formons des Fils, formons des Fils
Libres, forts et prospères
Toujours nous serons frères
Formons des Fils, formons des Fils
Pour le Pays et pour nos Pères
Formons, formons, formons des Fils
Pour le Pays et pour nos Pères

Pour les Aïeux, pour la Patrie
Ô Dieu des Preux, Ô Dieu des Preux
Sous ta garde infinie
Prends nos droits, notre vie
Ô Dieu des Preux, Ô Dieu des Preux
Pour les Aïeux, pour la Patrie
Ô Dieu, Ô Dieu, Ô Dieu des Preux
Pour les Aïeux, pour la Patrie

Pour le Drapeau, pour la Patrie
Mourir est beau, mourir est beau
Notre passé nous crie :
Ayez l'âme aguerrie
Mourir est beau, mourir est beau
Pour le Drapeau, pour la Patrie
Mourir, mourir, mourir est beau
Pour le Drapeau, pour la Patrie

Port-au-Prince

Cap haïtien

Pêcheurs, Port-au-Prince

bus local

Marchands de boissons

Nom usuel HAÏTI • **Nom entier développé** RÉPUBLIQUE D'HAÏTI • **Date d'admission à l'ONU** 24 OCTOBRE 1945 • **Capitale** PORT-AU-PRINCE • **Langues** CRÉOLE, FRANÇAIS • **Superficie** 27 750 KM^2 • **Population** 8 326 000 • **Densité de population** 300 HAB/KM^2 • **Monnaie nationale** GOURDE • **État et régime politique** RÉPUBLIQUE UNITAIRE, RÉGIME PRÉSIDENTIEL • **Religion** CATHOLICISME (LA MAJORITÉ DES HAÏTIENS PRATIQUENT LE VAUDOU, TOUT EN ÉTANT CATHOLIQUES) • **Fête nationale** 1ER JANVIER (INDÉPENDANCE, 1804) • **Devise** L'UNION FAIT LA FORCE

HU HONGRIE

ISTEN ÁLDD MEG A MAGYART/BÉNIS LE HONGROIS, Ô SEIGNEUR

Paroles de Ferenc Kölcsey (adaptation de Jean Rousseau)

Bénis le Hongrois, Ô Seigneur,
Fais qu'il soit heureux et prospère,
Tends vers lui ton bras protecteur
Quand il affronte l'adversaire ;
Donne à qui fut longtemps broyé,
Des jours paisibles et sans peines,
Ce peuple a largement payé
Pour les temps passés ou à venir.

Aux Carpates, sur ton conseil,
Nos aïeux osèrent s'étendre.
Quelle belle place au soleil
Tu aidas nos pères à prendre !
Aussi loin de la Tisza
Et du Danube le flot danse,
Aux fils héroïques d'Árpád,
Tu as prodigué l'abondance...

Tu fis onduler, à l'instar
Des mers, les épis dans nos plaines,
Et tu permis que du nectar
De Tokay, nos coupes soient pleines.
Grâce à toi, nos drapeaux ont pu
Flotter chez le Turc en déroute,
Les murs de Vienne être rompus
Par Matyas et ses noires troupes.

Hélas ! nos fautes, trop souvent
Ont fait éclater ta colère,
Et de tes nuages ardents
Tu as fait jaillir le tonnerre.
Alors ce furent les Mongols,
Leur dards sifflants et leur pillages,
Puis le Turc qui sur notre col
Posa le joug de l'esclavage.

Que de fois, sur l'amas sanglant
Des cadavres de nos armées,
Par les cris orgueilleux d'Osman
La victoire fut proclamée !
Que de fois, ô patrie, enfin,
Tes propres enfants t'attaquèrent !
Et par leurs crimes, tu devins
L'urne funèbre de leurs frères.

Fuir ! Mais d'asile il n'est point
Contre le fer et sa furie.
Dans son propre pays, en vain
Le fuyard cherchait sa patrie.
Il allait par monts et par vaux,
Pour compagnon, douleur et doute,
Pour horizon du sang à flots,
Et des flammes pour clef de voûte.

Là, ces ruines furent un fort,
Autrefois y régnait la joie.
À sa place, un râle de mort
Et des plaintes de cœur qu'on broie.
La liberté ne fleurit point,
Hélas dans le sang des victimes !
Les yeux de l'orphelin sont pleins
Des pleurs de ceux que l'on opprime.

Prends pitié du Hongrois, Seigneur !
Si souvent il fut dans les transes !
Tends vers lui un bras protecteur
Dans l'océan de ses souffrances !
Donne à qui fut longtemps broyé
Des jours paisibles et sans peines.
Ce peuple a largement payé
Pour les temps passés ou qui viennent.

Budapest, le marché couvert

Eugène de Savoie et le Parlement

Budapest, les bains Széchenyi

Pécs

Opusztaszer

Nom usuel HONGRIE • **Nom entier développé** RÉPUBLIQUE DE HONGRIE • **Date d'admission à l'ONU** 14 DÉCEMBRE 1955 • **Capitale** BUDAPEST • **Langue** HONGROIS • **Superficie** 93 030 KM² • **Population** 9 877 000 • **Densité de population** 106,2 HAB/KM² • **Monnaie nationale** FORINT • **État et régime politique** RÉPUBLIQUE UNITAIRE, RÉGIME PARLEMENTAIRE • **Religions** CATHOLICISME, PROTESTANTISME • **Fête nationale** 20 AOÛT (SAINT ÉTIENNE, FONDATEUR DE LA HONGRIE, AN 1000) • **Devise** TOUT LE POUVOIR EST AU PEUPLE

IL ISRAËL

Jérusalem

HATIKVAH/L'ESPÉRANCE
Paroles de Naphtali Herz Imber

Aussi longtemps qu'au fond du cœur
Vibrera l'âme juive,
Et tournés vers l'Orient,
Nous aspirerons à Sion.

Notre espoir n'est pas vain,
Espérance de deux mille ans,
De vivre en peuple libre sur notre terre,
Terre de Sion et de Jérusalem.

Centre-ville de Jérusalem

Désert du Negev

Tel-Aviv

Mer Morte

Nom usuel ISRAËL • **Nom entier développé** ÉTAT D'ISRAËL • **Date d'admission à l'ONU** 11 MAI 1949 • **Capitale** JÉRUSALEM (ÉTAT DE FAIT CONTESTÉ AU PLAN INTERNATIONAL) • **Langues** HÉBREU, ARABE • **Superficie** 21 060 KM² • **Population** 6 433 000 • **Densité de population** 305,5 HAB/KM² • **Monnaie nationale** NOUVEAU SHEKEL • **État et régime politique** SIX DISTRICTS ADMINISTRATIFS, RÉGIME PARLEMENTAIRE AVEC ADMINISTRATION MILITAIRE DANS LES TERRITOIRES OCCUPÉS • **Religions** JUDAÏSME, ISLAM • **Fête nationale** 15 MAI (INDÉPENDANCE, 1948) • **Devise** RÉSURRECTION

IN INDE

ASIE

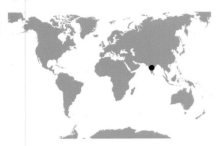

Jaipur, charmeur de serpents

Teintures

Agra, Taj Mahal

Goa

Karnataca, cultures du riz

Udaipur

JANA GANA MANA/ TU ES LE SOUVERAIN DES ÂMES
Paroles de Rabindranath Tagore

Tu es le souverain des âmes de tous les êtres,
Toi le dispensateur du destin de l'Inde !
Ton nom réveille les cœurs du Pendjab, du Sindh, du Gujerat et du Maharashra,
Du Dravida, d'Orissa et du Bengale ;
Il résonne dans les montagnes des Vindhya et de l'Himalaya,
Il se mêle à la musique de la Yamuna et du Gange.
Ton nom chanté monte des ondes de la mer indienne.
Ils implorent tes bénédictions et chantent tes louanges.
Le salut de tous les peuples repose entre tes mains,
Toi le dispensateur du destin de l'Inde.
Victoire, victoire, victoire à Toi.

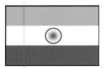

Nom usuel INDE • **Nom entier développé** UNION INDIENNE • **Date d'admission à l'ONU** 30 OCTOBRE 1945 • **Capitale** NEW DELHI • **Langues** ANGLAIS (LANGUE VÉHICULAIRE), QUINZE LANGUES OFFICIELLES : ASSAMAIS, BENGALI, GUJARATI, HINDI, KANNADA, CACHEMIRI, MALAYALAM, MARATHI, ORIYA, PENDJABI, SANSCRIT, SINDHI, TAMOUL, TELUGU, OURDOU • **Superficie** 3 287 260 KM2 • **Population** 1 065 462 000 • **Densité de population** 324,1 HAB/KM^2 • **Monnaie nationale** ROUPIE INDIENNE • **État et régime politique** RÉPUBLIQUE FÉDÉRALE, RÉGIME PARLEMENTAIRE • **Religions** HINDOUISME, ISLAM • **Fête nationale** 26 JANVIER (RÉPUBLIQUE, 1950) • **Devise** LA VÉRITÉ L'EMPORTERA

IR IRAN

Pont Siose Pol, Ispahan

Ollah Vali, Nemat, Mahan

SOROOD-E JOMHOORI-E ESLAMI/HYMNE DE LA RÉPUBLIQUE ISLAMIQUE
Paroles collectives

Haut sur l'horizon se lève le soleil de l'Orient,
Vision de la vraie religion.
Bahman, éclat de notre foi.
Ton message, ô imam, d'indépendance et de liberté
Est imprimé dans nos âmes.
Ô martyrs ! le temps de vos pleurs de douleur résonne à nos oreilles.
Durablement, continuellement, éternelle,
La République islamique d'Iran.

Tour Azadi, Téhéran

Nomades, province du Fars

Bas-relief, Persépolis

Nom usuel IRAN • **Nom entier développé** RÉPUBLIQUE ISLAMIQUE D'IRAN • **Date d'admission à l'ONU** 24 OCTOBRE 1945 • **Capitale** TÉHÉRAN • **Langue** PERSAN • **Superficie** 1 648 000 KM² • **Population** 68 920 000 • **Densité de population** 41,8 HAB/KM² • **Monnaie nationale** RIAL • **État et régime politique** RÉPUBLIQUE ISLAMIQUE, RÉGIME THÉOCRATIQUE ET PARLEMENTAIRE • **Religion** ISLAM • **Fête nationale** 11 FÉVRIER (RÉVOLUTION ISLAMIQUE, 1979) • **Devise** DIEU EST GRAND

IS ISLANDE

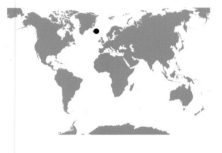

Ó, GUOVORS LANDS !/Ô DIEU DE NOTRE PATRIE !
Paroles de Matthías Jochumsson

Ô Dieu d'Islande ! Ô Dieu d'Islande !
Nous chantons ton nom, ton nom mille fois saint.
Les cohortes des temps te font une couronne
Des soleils du firmament sans fin.
Devant toi un seul jour est comme mille ans,
Et mille ans un jour, ô Seigneur,
Une fleur d'éternité, sur la lande tremblant,
Qui adore son Dieu et puis meurt.
Ô mille ans d'Islande,
Une fleur d'éternité, sur la lande tremblant,
Qui adore son Dieu et puis meurt.

Geyser

Glacier

Vieille ferme restaurée, Skógar

Blue Lagoon

Bateaux de pêche dans les fjords de l'Ouest

Nom usuel ISLANDE • **Nom entier développé** RÉPUBLIQUE D'ISLANDE • **Date d'admission à l'ONU** 19 NOVEMBRE 1946 • **Capitale** REYKJAVIK • **Langue** ISLANDAIS • **Superficie** 103 000 KM² • **Population** 290 000 • **Densité de population** 2,8 HAB/KM² • **Monnaie nationale** COURONNE ISLANDAISE • **État et régime politique** RÉPUBLIQUE UNITAIRE, RÉGIME PARLEMENTAIRE • **Religion** LUTHÉRANISME • **Fête nationale** 17 JUIN (RÉPUBLIQUE, 1944) • **Devise** LA NATION EST CONSTRUITE SUR LA LOI

IT ITALIE

FRATELLI D'ITALIA/FRÈRES D'ITALIE
Paroles de Goffredo Mameli

Frères d'Italie,
L'Italie s'est levée,
Du casque de Scipion
Elle a ceint sa tête.
Où est la victoire ?
Elle penche sa chevelure vers toi,
Toi, que Dieu a créée
Esclave de Rome.

Refrain
Formons nos cohortes,
Nous sommes prêts à mourir, *(bis)*
L'Italie nous a appelés ! *(bis)*

Depuis des siècles,
Nous avons été opprimés et raillés,
Parce que nous ne sommes pas un peuple,
Parce que nous sommes divisés ;
Qu'un seul drapeau,
Qu'un seul espoir nous unisse ;
L'heure a sonné
D'unir nos forces.
Refrain

Unissons-nous, aimons-nous,
L'union et l'amour
Révèlent aux peuples
Les voies du Seigneur ;
Jurons de libérer
Le sol natal :
Unis par Dieu
Qui pourra nous vaincre ?

Refrain

Des Alpes à la Sicile
N'importe où il se bat
Chaque homme de fer
A du cœur, de la poigne,
Les enfants d'Italie
Clament ainsi merci,
Le son de toutes les cloches
Sonnent les vêpres.

Refrain

Paysage de Toscane

Florence, le Ponte Vecchio

Carnaval de Venise

Venise, le Grand Canal

Sienne, rue typique

Rome, le Colisée

Nom usuel ITALIE • **Nom entier développé** RÉPUBLIQUE ITALIENNE • **Date d'admission à l'ONU** 14 DÉCEMBRE 1955 • **Capitale** ROME • **Langue** ITALIEN • **Superficie** 301 340 KM² • **Population** 57 423 000 • **Densité de population** 190,6 HAB/KM² • **Monnaie nationale** EURO • **État et régime politique** RÉPUBLIQUE (AUTONOMIE RÉGIONALE), RÉGIME PARLEMENTAIRE • **Religion** CATHOLICISME • **Fête nationale** 2 JUIN (FONDATION DE LA RÉPUBLIQUE, 1946)

JM JAMAÏQUE

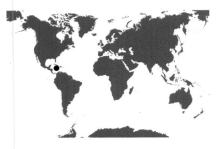

JAMAICA, LAND WE LOVE/JAMAÏQUE, PAYS QUE NOUS AIMONS
Paroles de Hugh Braham Sherlock

Père éternel, bénis notre pays,
Guide-nous de Ta main puissante,
Garde-nous libres des puissances du mal,
À travers les heures innombrables sois notre guide.
À travers nos dirigeants, Grand Défenseur,
Accorde-nous la vraie sagesse.
Que la vérité et la justice nous appartiennent à jamais,
Jamaïque, pays que nous aimons,
Jamaïque, Jamaïque, Jamaïque, pays que nous aimons.

Apprends-nous le véritable respect de tous,
Fais-nous répondre à l'appel du devoir,
Renforce notre faiblesse à chérir,
Donne-nous la crainte de périr.
Envoie-nous la connaissance, Père céleste,
Accorde-nous la vraie sagesse.
Que la vérité et la justice nous appartiennent à jamais,
Jamaïque, pays que nous aimons,
Jamaïque, Jamaïque, Jamaïque, pays que nous aimons.

Port Antonio

Montego Bay

Statue de Bob Marley, Kingston

Port Antonio

Nom usuel JAMAÏQUE • **Nom entier développé** JAMAÏQUE • **Date d'admission à l'ONU** 18 SEPTEMBRE 1962 • **Capitale** KINGSTON • **Langue** ANGLAIS • **Superficie** 10 990 KM² • **Population** 2 651 000 • **Densité de population** 241,2 HAB/KM² • **Monnaie nationale** DOLLAR JAMAÏCAIN • **État et régime politique** ETAT UNITAIRE, RÉGIME PARLEMENTAIRE • **Religion** PROTESTANTISME • **Fête nationale** 1ER LUNDI D'AOÛT (INDÉPENDANCE, 1962) • **Devise** L'UNITÉ DE LA DIVERSITÉ

174

JO JORDANIE

Amman

Kharneh, Pétra

Route du Jourdain

Wadi Rum

Dhara

AS-SALAM AL-MALAKI AL-URDONI/LONGUE VIE AU ROI
Paroles d'Abdul-Monem al-Rifai'

Longue vie au roi !
Longue vie au roi !
Son allure est sublime
Sa bannière flottant dans une gloire suprême.

Nom usuel JORDANIE • **Nom entier développé** ROYAUME HACHÉMITE DE JORDANIE • **Date d'admission à l'ONU** 14 DÉCEMBRE 1955 • **Capitale** AMMAN • **Langue** ARABE • **Superficie** 89 210 KM² • **Population** 5 473 000 • **Densité de population** 61,3 HAB/KM² • **Monnaie nationale** DINAR • **État et régime politique** MONARCHIE, RÉGIME CONSTITUTIONNEL • **Religion** ISLAM • **Fête nationale** 25 MAI (INDÉPENDANCE, 1946) • **Devise** ALLAH, LA PATRIE ET LE ROI

JP JAPON

KIMIGA YO WA/PUISSES-TU RÉGNER MILLE ANS AVEC FÉLICITÉ
Auteur inconnu

Que ton règne empli de félicité dure mille ans ;
Gouverne, mon Seigneur, jusqu'à ce que les galets d'aujourd'hui
Par le temps s'agrègent en de géants rochers
Sur les vénérables flancs desquels s'allonge la mousse.

Kyoto, geisha

Vallée Owakudani, Hakone

Musée d'histoire et du folklore, Hiroshima

Shinjuku, Tokyo

Lac Ashi, mont Fuji

Île de Miyajima, Hiroshima

Nom usuel JAPON • **Nom entier développé** JAPON• **Date d'admission à l'ONU** 18 DÉCEMBRE 1956 • **Capitale** TOKYO • **Langue** JAPONAIS • **Superficie** 377 800 KM² • **Population** 127 654 000 • **Densité de population** 337,9 HAB/KM² • **Monnaie nationale** YEN • **État et régime politique** MONARCHIE CONSTITUTIONNELLE, RÉGIME PARLEMENTAIRE • **Religions** SHINTOÏSME, BOUDDHISME • **Fête nationale** 23 DÉCEMBRE (JOUR DE L'EMPEREUR, LA DATE CHANGE SELON L'ANNIVERSAIRE DE L'EMPEREUR RÉGNANT)

KE KENYA

EE MUNGU NGUVU YETU/O GOD OF ALL CREATION/Ô DIEU DE TOUTE CRÉATION
Paroles collectives de Graham Hyslop, George W. Senoga-Zake, Thomas Kalume,
Peter Kibukosya et Washington Omondi

Ô Dieu de toute création,
Bénis notre terre et notre nation,
Que la justice soit notre bouclier et notre protectrice,
Vivons dans l'unité,
La paix et la liberté
Il y a tout cela dans nos frontières.

Que chacun et tous se lèvent
Avec le cœur fort et sincère.
Que servir soit notre plus grand effort,
Et levons-nous pour défendre avec force
Notre patrie le Kenya,
Héritage de splendeur.

Que tous, d'un commun accord,
Unis par un lien commun,
Construisions notre nation ensemble,
Et que la gloire du Kenya,
Fruit de notre travail,
Emplisse chaque cœur avec reconnaissance.

Rivière Sambwa

Fête traditionnelle

Savane

Vieux port de Mombasa

Mont Kenya

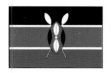

Nom usuel KENYA • **Nom entier développé** RÉPUBLIQUE DU KENYA • **Date d'admission à l'ONU** 16 DÉCEMBRE 1963 • **Capitale** NAIROBI • **Langues** ANGLAIS (OFF.), SWAHILI, DIVERS DIALECTES • **Superficie** 580 370 KM2 • **Population** 31 540 000 • **Densité de population** 54,3 HAB/KM^2 • **Monnaie nationale** SHILLING KÉNYAN • **État et régime politique** RÉPUBLIQUE, MEMBRE DU COMMONWEALTH, RÉGIME PRÉSIDENTIEL • **Religions** CHRISTIANISME, ANIMISME, ISLAM • **Fête nationale** 12 DÉCEMBRE (« JAMHURI DAY », INDÉPENDANCE, 1963) • **Devise** EN AVANT, TOUS ENSEMBLE

KG **KIRGHIZISTAN**

HYMNE SANS TITRE
Paroles de Djamil Sadykov et Eshmambet Kuluev

Notre terre natale, sacrée, se compose de
Hautes montagnes, de vallées et de champs.
Nos pères vivaient au cœur de l'Ala-Taou,
Protégeant toujours leur patrie.

En avant, peuple kirghiz,
En avant vers la liberté !
Debout et prospère !
Saisis ta chance !

Nous aspirons à la liberté depuis l'éternité.
L'amitié et l'unité sont dans nos cœurs.
La terre du Kirghizistan, notre pays natal
S'illumine de consentement.

En avant, peuple kirghiz,
En avant vers la liberté !
Debout et prospère !
Saisis ta chance !

Les rêves du peuple se réalisent
Et le drapeau de la liberté flotte sur nous.
Nous transmettrons à nos fils l'héritage de nos pères
Pour le bien de tout le peuple.

En avant, peuple kirghiz,
En avant vers la liberté !
Debout et prospère !
Saisis ta chance !

Stèle de guerrier kirghize

Tour Burana

Nomades et yourtes

Architecture traditionnelle

Montagnes Tien Shan

Nom usuel KIRGHIZISTAN • **Nom entier développé** RÉPUBLIQUE KIRGHIZE • **Date d'admission à l'ONU** 2 MARS 1992 • **Capitale** BICHKEK • **Langues** KIRGHIZE, RUSSE • **Superficie** 199 900 KM² • **Population** 5 138 000 • **Densité de population** 25,7 HAB/KM² • **Monnaie nationale** SOM • **État et régime politique** RÉPUBLIQUE UNITAIRE, RÉGIME PRÉSIDENTIEL • **Religions** ISLAM, ORTHODOXE • **Fête nationale** 31 AOÛT (INDÉPENDANCE, 1991)

KH CAMBODGE

NOKOREACH/NOKOREACH
Paroles de Samdech Chuon Nat

Que le ciel protège notre roi
Et lui dispense le Bonheur et la Gloire.
Qu'il règne sur nos cœurs et sur nos destinées,
Celui qui, héritier des souverains bâtisseurs,
Gouverne le fier et vieux Royaume.

Les temples dorment dans la forêt,
Rappelant la grandeur du Moha Nokor.
Comme le roc, la race khmer est éternelle,
Ayons confiance dans le sort du Cambodge,
L'empire qui défie les années.

Les chants montent dans les pagodes
À la gloire de la sainte foi bouddhique.
Soyons fidèles aux croyances de nos pères.
Ainsi le ciel prodiguera-t-il tous ses bienfaits
Au vieux pays khmer, le Moha Nokor.

Palais royal, Phnom Penh

Angkor, Ta Phrom

Musée national des Beaux-Arts, Phnom Penh

Angkor, Le Bayou

Angkor

Nom usuel CAMBODGE • **Nom entier développé** ROYAUME DU CAMBODGE • **Date d'admission à l'ONU** 14 DÉCEMBRE 1955 • **Capitale** PHNOM PENH • **Langues** KHMER, FRANÇAIS • **Superficie** 180 035 KM^2 • **Population** 14 100 000 • **Densité de population** 78,3 HAB/KM^2 • **Monnaie nationale** RIEL • **État et régime politique** MONARCHIE CONSTITUTIONNELLE UNITAIRE, RÉGIME PARLEMENTAIRE • **Religion** BOUDDHISME • **Fête nationale** 9 NOVEMBRE (INDÉPENDANCE 1953) • **Devise** NATION, RELIGION, ROI

KM COMORES

L'UNION DES GRANDES ÎLES
Paroles de Said Hachim Sidi Abderemane

Au faîte le drapeau flotte
Appelle à la Liberté totale.
La nation apparaît,
Force d'une même religion au sein des Comores.
Vivons dans l'amour réciproque dans nos îles.

Les Comoriens issue de même sang,
Nous embrassons la même idéologie religieuse.
Les îles où nous somme nés !
Les îles qui nous ont prodigué la bonne éducation.
Dieu y a apporté son aide.
Conservons notre unité pour l'amour de la patrie,
Amour pour la religion
Et pour l'évolution.

Au faîte le drapeau flotte
Depuis le 6 du mois de juillet
La nation apparaît,
Les îles devenues souveraines :
Maore, N'Dzuani, Mwali et N'Gazidja.
Gardons notre amour pour les îles.

Tenues traditionnelles pour un mariage

Collecte de l'eau d'un baobab

Cratère N'Gouni

Port de Moroni

Ville de Nioumachoua, Moheli

Nom usuel COMORES • **Nom entier développé** UNION DES COMORES • **Date d'admission à l'ONU** 12 NOVEMBRE 1975 • **Capitale** MORONI • **Langues** COMORIEN, FRANÇAIS • **Superficie** 2 230 KM² • **Population** 768 000 • **Densité de population** 344,5 HAB/KM² • **Monnaie nationale** FRANC COMORIEN • **État et régime politique** RÉPUBLIQUE FÉDÉRALE, RÉGIME PRÉSIDENTIEL • **Religion** ISLAM • **Fête nationale** 6 JUILLET (INDÉPENDANCE, 1975) • **Devise** UNITÉ, JUSTICE, PROGRÈS

© Matthieu Prier

KN SAINT-CHRISTOPHE-ET-NIÉVÈS

OH LAND OF BEAUTY !/Ô TERRE DE BEAUTÉ !
Paroles de Kenrick Anderson George

Ô terre de beauté !
Notre pays où la paix abonde,
Tes enfants se tiennent libres
Forts de volonté et d'amour.
Avec Dieu, dans tous nos combats,
Saint-Christophe-et-Niévès sera
Une nation liée
Par un destin commun.

Fidèles nous nous tenons,
Pour la justice et la liberté,
Avec sagesse et vérité
Nous te servirons et t'honorerons.
Aucune épée ni lance ne pourra te conquérir,
Car il est certain que Dieu l'interdira.
Qu'il accorde pour toujours
Sa bénédiction à la postérité.

Plantation Rawlins

Champ de canne à sucre

Sandy Point et l'île de Saint-Eustache

Nevis, depuis Cockleshell

Péninsule sud

Nom usuel SAINT-CHRISTOPHE-ET-NIÉVÈS (SAINT-KITTS-ET-NEVIS) • **Nom entier développé** FÉDÉRATION DE SAINT-CHRISTOPHE-ET-NIÉVÈS • **Date d'admission à l'ONU** 23 SEPTEMBRE 1983 • **Capitale** BASSETERRE • **Langue** ANGLAIS • **Superficie** 360 KM² • **Population** 42 000 • **Densité de population** 116,6 HAB/KM² • **Monnaie nationale** DOLLAR DES CARAÏBES ORIENTALES • **État et régime politique** ÉTAT FÉDÉRAL, RÉGIME PARLEMENTAIRE • **Religion** CHRISTIANISME • **Fête nationale** 19 SEPTEMBRE (INDÉPENDANCE, 1983) • **Devise** LA PATRIE AU-DESSUS DE TOUT

KP CORÉE DU NORD

Fête du 80e anniversaire de Kim Il Sung

Statue de Kim Il Sung, Pyongyang

Pagode bouddhiste, Keosong

Pyongyang

Fresque de propagande

Monastère bouddhiste

A CH'IM UN PINNARA, I KANGSAN UNGUM E/
QUE LE MATIN BRILLE SUR L'ARGENT ET L'OR DE CE PAYS
Paroles de Pak se Yong

Que le matin brille sur l'argent et l'or de ce pays,
Trois mille lieues d'une naturelle richesse,
Ma superbe patrie.
La gloire de ce peuple sage
A donné une culture brillante
Et cinq mille ans d'histoire.
Dévouons nos corps et nos esprits
À soutenir à jamais cette Corée.

La volonté ferme de même que la vérité
Abritent un esprit laborieux,
Embrassant l'atmosphère du mont Paektu,
Et montreront la voie au monde entier.
Le pays fondé par la volonté du peuple
Affronte les vagues déchaînées avec une force décuplée.
Rendons gloire pour toujours à cette Corée
Immensément riche et forte.

Nom usuel CORÉE DU NORD • **Nom entier développé** RÉPUBLIQUE POPULAIRE DÉMOCRATIQUE DE CORÉE • **Date d'admission à l'ONU** 17 SEPTEMBRE 1991 • **Capitale** PYONGYANG • **Langue** CORÉEN • **Superficie** 120 540 KM² • **Population** 22 664 000 • **Densité de population** 188 HAB/KM² • **Monnaie nationale** WON • **État et régime politique** RÉPUBLIQUE UNITAIRE, RÉGIME COMMUNISTE, PARTI UNIQUE • **Religion** BOUDDHISME • **Fête nationale** 9 SEPTEMBRE (FONDATION DE LA RÉPUBLIQUE POPULAIRE DÉMOCRATIQUE DE CORÉE, 1948) • **Devise** QUI CROIT EN ET DÉPEND DU PEUPLE EST SÛR DE VAINCRE

KR CORÉE DU SUD

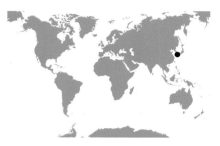

Biwon, jardins du Palais Royal, Séoul

AEGUKKA/CHANT D'AMOUR POUR LA PATRIE
Anonyme

Jusqu'à ce que les vagues de la mer de l'Est soient asséchées
Et que soit usé le mont Paektu, que le Ciel veille pour toujours sur notre pays !

Rose de Sharon, pays de mille miles de fleuves et de montagnes !
Protégée par son peuple, puisse toujours se dresser la Corée !

Comme le pin cuirassé du mont Nam qui monte calmement la garde
Dans le vent et le gel, imperturbable, que notre volonté soit résolue !

Rose de Sharon, pays de mille miles de fleuves et de montagnes !
Protégée par son peuple, puisse toujours se dresser la Corée !

Sous l'arche du ciel nocturne de l'automne, cristalline et d'un bleu sans nuages,
Que la lune rayonnante soit notre âme unique, déterminée et vraie.

Rose de Sharon, pays de mille miles de fleuves et de montagnes !
Protégée par son peuple, puisse toujours se dresser la Corée !

Avec une telle volonté, de tels esprits, une telle loyauté et une telle force,
Aimons-la, dans la peine et dans la joie, elle, notre patrie bien-aimée !

Rose de Sharon, pays de mille miles de fleuves et de montagnes !
Protégée par son peuple, puisse toujours se dresser la Corée !

Mont Daedusan, Dawn

Yeouido, Séoul

Lanternes, anniversaire de bouddha

Temple Bulguksa, le plus grand du pays

Nom usuel CORÉE DU SUD • **Nom entier développé** RÉPUBLIQUE DE CORÉE • **Date d'admission à l'ONU** 17 SEPTEMBRE 1991 • **Capitale** SÉOUL • **Langue** CORÉEN • **Superficie** 99 260 KM² • **Population** 47 700 000 • **Densité de population** 480,5 HAB/KM² • **Monnaie nationale** WON • **État et régime politique** RÉPUBLIQUE, RÉGIME PRÉSIDENTIEL • **Religions** BOUDDHISME, CHRISTIANISME • **Fête nationale** 15 AOÛT (LIBÉRATION, 1945)

KW KOWEÏT

Ruines, île Failaka

AL-NASHEED AL WATANI/MON PAYS
Paroles d'Ahmad Mushari al-Adwani

Koweït, Koweït, Koweït,
Mon pays.
Vis en paix, dans la dignité,
Ta face brillante, *(bis)*
Ta face brillante en majesté,
Koweït, Koweït, Koweït,
Mon pays.

Ô berceau de nos ancêtres,
Dépositaire de la mémoire
De nos martyrs éternels
Qui demeurent immortels.
Ces Arabes étaient merveilleux,
Koweït, Koweït, Koweït,
Mon pays.

Béni soit mon pays
Patrie d'harmonie
Gardée par de vraies sentinelles,
Donnant toute leur âme,
Construisant son histoire,
Koweït, Koweït, Koweït,
Mon pays.

Nous sommes ici pour toi, mon pays,
Menés par la foi et la loyauté
Et aussi par son prince
Qui nous entoure avec impartialité
D'un amour chaleureux et de vérité,
Koweït, Koweït, Koweït,
Mon pays.
Vis en paix, dans la dignité.

Tours Koweït, Koweït

Châteaux d'eau, Koweït

Assemblée nationale

Nom usuel KOWEÏT • **Nom entier développé** ÉTAT DU KOWEÏT • **Date d'admission à l'ONU** 14 MAI 1963 • **Capitale** KOWEÏT • **Langue** ARABE • **Superficie** 17 820 KM² • **Population** 2 041 961 • **Densité de population** 115 HAB/KM² • **Monnaie nationale** DINAR KOWEÏTIEN • **État et régime politique** ÉMIRAT, MONARCHIE CONSTITUTIONNELLE • **Religion** ISLAM • **Fête nationale** 25 FÉVRIER (INTRONISATION DE L'ÉMIR ABDALLAH, 1950)

LA   LAOS

PHENG XAT LAO/HYMNE DU PEUPLE LAO
Paroles de Sisana Sisane

Depuis toujours, le peuple lao a illustré avec éclat la patrie,
Toutes les énergies, tous les esprits, tous les cœurs comme une seule force.
Avançant unis et décidés, honorant la dignité lao,
Proclamant le droit d'être maîtres d'eux-mêmes,
Les Laotiens de toutes les ethnies sont égaux.
Ils ne permettront plus jamais aux impérialistes et aux traîtres de leur nuire.
Le peuple tout entier sauvegardera l'indépendance
Et la liberté de la nation laotienne.
Il est résolu à lutter et à vaincre
Pour mener la nation à la prospérité.

Xieng Khouang

Khong

Luang Prabang, vue du Mekong

Khong

Chutes de Phapheng Khon

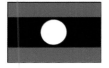

Nom usuel LAOS • **Nom entier développé** RÉPUBLIQUE DÉMOCRATIQUE POPULAIRE LAO • **Date d'admission à l'ONU** 14 DÉCEMBRE 1955 • **Capitale** VIENTIANE • **Langue** LAO • **Superficie** 236 800 KM² • **Population** 5 657 000 • **Densité de population** 23,9 HAB/KM² • **Monnaie nationale** KIP • **État et régime politique** RÉPUBLIQUE UNITAIRE, RÉGIME COMMUNISTE • **Religion** BOUDDHISME • **Fête nationale** 2 DÉCEMBRE (RÉPUBLIQUE, 1975) • **Devise** PAIX, INDÉPENDANCE, DÉMOCRATIE, UNITÉ ET POSPÉRITÉ

LB LIBAN

KULLUNA LIL WATAN/TOUS POUR LA PATRIE
Paroles de Rachid Nakhlé

Tous pour la Patrie, le drapeau et la gloire !
Notre bravoure et nos écrits ont marqué toutes les époques,
Nos montagnes et nos vallées donnent des hommes fidèles.
Tous nos efforts sont dévoués à la perfection,
Tous pour la Patrie, le drapeau et la gloire !

Nos anciens et nos enfants attendent l'appel de notre pays,
Et à l'heure du danger, ils sont tels les lions dans la jungle.
Le cœur de notre Orient demeure à jamais le Liban,
Puisse Dieu le préserver jusqu'à la fin des temps.
Tous pour la Patrie, le drapeau et la gloire !

Les joyaux de l'Orient sont sa terre et sa mer,
À travers le monde s'étend sa renommée,
Et son nom est sa gloire depuis le début des temps.
Le symbole de l'immortalité – le cèdre – est sa fierté.
Tous pour la Patrie, le drapeau et la gloire !

Rachaya, Békaa

Centre-ville, Beyrouth

Fontaine du palais de Beiteddine, Chouf, mont Liban

Arc de triomphe romain, Tyr, Liban-sud

Plaines du sud, Liban-sud

Nom usuel LIBAN • **Nom entier développé** RÉPUBLIQUE LIBANAISE • **Date d'admission à l'ONU** 24 OCTOBRE 1945 • **Capitale** BEYROUTH • **Langues** ARABE, FRANÇAIS • **Superficie** 10 400 KM² • **Population** 3 653 000 • **Densité de population** 351,2 HAB/KM² • **Monnaie nationale** LIVRE LIBANAISE • **État et régime politique** RÉPUBLIQUE UNITAIRE À BASE COMMUNAUTAIRE, RÉGIME PARLEMENTAIRE • **Religions** ISLAM, CHRISTIANISME • **Fête nationale** 22 NOVEMBRE (INDÉPENDANCE, 1943) • **Devise** MA PATRIE A TOUJOURS RAISON

LC SAINTE-LUCIE

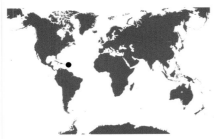

Les deux pitons

Castries

Micoud

Baie de Marigot

Baie de Marigot, marché de Castries

SONS AND DAUGHTERS OF SAINT LUCIA/FILS ET FILLES DE SAINTE-LUCIE
Paroles de Charles Jesse

Fils et filles de Sainte-Lucie,
Aimez la terre qui nous a donné naissance,
Terre de plages, de collines et de vallées,
Plus belle île sur toute la terre.
Où que vous puissiez errer,
Aimez, ô aimez votre île foyer.

Fini, le temps où les nations se battaient
Pour cette Hélène de l'Ouest,
Fini, les jours où les conflits et la discorde
Assombrissaient le labeur et le repos de ses enfants.
L'aube enfin d'un jour meilleur
Tend vers un nouveau chemin plein de joie.

Puisse le bon Seigneur bénir notre île,
Garder ses enfants du malheur et de la douleur !
Puisse notre peuple vivre uni,
Fort dans son âme et fort dans ses bras !
Que justice, vérité et charité
Soient nos idéaux pour toujours !

Nom usuel SAINTE-LUCIE • **Nom entier développé** SAINTE-LUCIE • **Date d'admission à l'ONU** 18 SEPTEMBRE 1979 • **Capitale** CASTRIES • **Langues** ANGLAIS, CRÉOLE • **Superficie** 620 KM² • **Population** 149 000 • **Densité de population** 240,6 HAB/KM² • **Monnaie nationale** DOLLAR DES CARAÏBES ORIENTALES • **État et régime politique** ÉTAT UNITAIRE, RÉGIME PARLEMENTAIRE • **Religion** CATHOLICISME • **Fête nationale** 22 FÉVRIER (INDÉPENDANCE, 1979) • **Devise** LA TERRE, LE PEUPLE, LA LUMIÈRE

© Corrie Scott

LI LIECHTENSTEIN

OBEN AM JUNGEN RHEIN/AU-DESSUS DU JEUNE RHIN

Paroles de Jakob Joseph Jauch

Au-dessus du jeune Rhin
S'étend le Liechtenstein, calme
Sur ses hauteurs alpines.
Ce pays natal aimé,
Cette chère patrie
A été choisie pour nous
Par la sage main de Dieu.
Ce pays natal aimé,
Cette chère patrie
A été choisie pour nous
Par la sage main de Dieu.

Longue vie au Liechtenstein
Qui fleurit sur le jeune Rhin
Heureux et fidèle.
Longue vie au prince de ce pays,
Longue vie à la patrie,
Par des liens fraternels
Unis et libres.
Longue vie au prince de ce pays,
Longue vie à la patrie,
Par des liens fraternels
Unis et libres.

Fête traditionnelle

Fürstensteig

Château Vaduz

Stegersee

Station de sports d'hiver, Malbun

Nom usuel LIECHTENSTEIN • **Nom entier développé** PRINCIPAUTÉ DU LIECHTENSTEIN • **Date d'admission à l'ONU** 18 SEPTEMBRE 1990 • **Capitale** VADUZ • **Langue** ALLEMAND • **Superficie** 160 KM² • **Population** 34 500 • **Densité de population** 209,7 HAB/KM² • **Monnaie nationale** FRANC SUISSE • **État et régime politique** MONARCHIE CONSTITUTIONNELLE, RÉGIME PARLEMENTAIRE • **Religion** CATHOLICISME • **Fête nationale** 15 AOÛT (ASSOMPTION) • **Devise** DIEU, PRINCE, PATRIE

LK SRI LANKA

Littoral sud, entre Ahangama et Weligama

Temple rupestre de Dambulla

SRI LANKA MATHA/MÈRE SRI LANKA
Paroles d'Ananda Samarakoon

Mère Sri Lanka, notre Sri Lanka,
Tu es vénérée encore et encore,
Terre de beauté, terre de graines,
De fleurs et de fruits,
Terre d'allégresse et de victoire
Qui nous apporte tous les bienfaits.
Reçois en offrande notre ferveur,
Mère Sri Lanka, notre Sri Lanka,
Tu es vénérée encore et encore.

Tu nous apportes le savoir,
Tu nous apportes la vérité,
Tu nous apportes la force,
Tu es notre vie et notre liberté.
Inspire-nous et épanouis-nous,
Mène tes enfants pour toujours à la sagesse,
Révèle, notre énergie,
En avant d'un pas ferme
Avec pour seule devise « Amour et unité ».
Mère Sri Lanka, notre Sri Lanka,
Tu es vénérée encore et encore.

Galle, port naturel du sud

Masque théâtral

Littoral sud-ouest, paradis pour les poissons

Nom usuel SRI LANKA • **Nom entier développé** RÉPUBLIQUE DÉMOCRATIQUE SOCIALISTE DE SRI LANKA • **Date d'admission à l'ONU** 14 DÉCEMBRE 1955 • **Capitale** COLOMBO • **Langues** CINGALAIS, TAMOUL (OFF.), ANGLAIS (SEMI-OFF.) • **Superficie** 65 610 KM² • **Population** 19 065 000 • **Densité de population** 290,6 HAB/KM² • **Monnaie nationale** ROUPIE SRI LANKAISE • **État et régime politique** RÉPUBLIQUE UNITAIRE, RÉGIME PRÉSIDENTIEL • **Religions** BOUDDHISME, HINDOUISME, ISLAM • **Fête nationale** 4 FÉVRIER (INDÉPENDANCE, 1948)

LR LIBERIA

Rivière Saint-Paul

Monument religieux

Plage de la région de Grand Bassa

ALL HAIL, LIBERIA HAIL !/SALUONS TOUS, LIBERIA, SALUONS !
Paroles de Daniel Bashiel Warner

Saluons tous, Liberia, saluons ! *(bis)*
Cette glorieuse terre de liberté
Sera longtemps à nous.
Bien que son nom soit nouveau,
Que sa renommée soit verte,
Et puissants ses pouvoirs. *(bis)*
Dans la joie et la tristesse
Avec nos cœurs unis,
Nous crierons la liberté
D'une race dans les ténèbres
Longue vis au Liberia, heureux pays !
Patrie d'une glorieuse liberté,
Aux ordres de Dieu !
Patrie d'une glorieuse liberté,
Aux ordres de Dieu !

Saluons tous, Liberia, saluons ! *(bis)*
Avec une union forte, le succès est certain.
Nous ne pouvons échouer !
Avec Dieu au-dessus de nous
Maintenons nos droits,
Nous l'emporterons sur tous ! *(bis)*
Nous défendrons la cause de notre pays
Avec nos cœurs et nos mains,
Nous affronterons
Valeureusement l'ennemi.
Patrie d'une glorieuse liberté,
Aux ordres de Dieu !
Patrie d'une glorieuse liberté,
Aux ordres de Dieu !

Monrovia

Nom usuel LIBERIA • **Nom entier développé** RÉPUBLIQUE DU LIBERIA • **Date d'admission à l'ONU** 2 NOVEMBRE 1945 • **Capitale** MONROVIA • **Langues** ANGLAIS (OFF.), BASSA, KPELLÉ, ETC. • **Superficie** 111 370 KM² • **Population** 3 367 000 • **Densité de population** 30,2 HAB/KM² • **Monnaie nationale** DOLLAR LIBÉRIEN • **État et régime politique** RÉPUBLIQUE UNITAIRE, RÉGIME PRÉSIDENTIEL • **Religion** CHRISTIANISME, ISLAM, ANIMISME • **Fête nationale** 26 JUILLET (INDÉPENDANCE, 1847) • **Devise** L'AMOUR DE LA LIBERTÉ NOUS A MENÉS ICI

LS LESOTHO

Katse Dam

Maison colorée, Quaqua

Huttes en pierre dans la montagne

Village près de Malealea

LESOTHO FATSE LA BONTAT'A RONA//LESOTHO, LAND OF OUR FATHERS
LESOTHO, TERRE DE NOS PÈRES
Paroles de Jean-François COILLARD

Lesotho, terre de nos pères,
Tu es le plus beau de tous les pays.
Tu nous a donné naissance,
En toi nous nous élevons,
Et tu nous es cher.

Seigneur, nous Te demandons de protéger le Lesotho,
Garde-nous libres de tout conflit ou épreuve.
Ô ma terre,
Pays de nos pères,
Puisses-tu avoir la paix.

Nom usuel LESOTHO • **Nom entier développé** ROYAUME DU LESOTHO • **Date d'admission à l'ONU** 17 OCTOBRE 1966 • **Capitale** MASERU • **Langues** ANGLAIS, SESOTHO • **Superficie** 30 350 KM² • **Population** 1 802 000 • **Densité de population** 59,4 HAB/KM² • **Monnaie nationale** LOTI • **État et régime politique** MONARCHIE, RÉGIME PARLEMENTAIRE • **Religions** CHRISTIANISME, ANIMISME • **Fête nationale** 4 OCTOBRE (INDÉPENDANCE, 1966) • **Devise** PAIX, PLUIE ET PROSPÉRITÉ

© Ian Berry

LT LITUANIE

EUROPE

TAUTISKA GIESME/LE CHANT NATIONAL
Paroles de Vincas Kudirka

Ô Lituanie, notre patrie,
Toi, terre de vaillants hommes,
Que tes enfants puisent leur force
Dans ton glorieux passé.
Que tes enfants suivent
Les chemins de la vertu,
Qu'ils travaillent à ton profit
Et au bien-être des gens.

Que le soleil de la Lituanie
Chasse les ténèbres,
Que la lumière et la vérité
Accompagnent nos actions.
Que l'amour de la Lituanie
Brûle dans nos cœurs,
Qu'au nom de cette Lituanie
Fleurisse l'unité !

La vieille ville (cathédrale, colline et tour Gedimius), Vilnius

Rue Pilies, Vilnius

L'« Uzupisangel », Vilnius

Beffrois des églises Sainte-Anne, Saint-Michael et Saint-John, Vilnius

Parc Grutas, Druskininkai

Nom usuel LITUANIE • **Nom entier développé** RÉPUBLIQUE DE LITUANIE • **Date d'admission à l'ONU** 17 SEPTEMBRE 1991 • **Capitale** VILNIUS • **Langues** LITUANIEN (OFF.), RUSSE • **Superficie** 65 200 KM^2 • **Population** 3 344 000 • **Densité de population** 52,8 HAB/KM^2 • **Monnaie nationale** LITAS • **État et régime politique** RÉPUBLIQUE UNITAIRE, RÉGIME PARLEMENTAIRE • **Religion** CATHOLICISME • **Fête nationale** 16 FÉVRIER (INDÉPENDANCE, 1918)

LU LUXEMBOURG

Façade typique, Ahn

Forêt de Mullerthal

ONS HEEMECHT/NOTRE PATRIE
Paroles de Michel Lentz

Où l'Alzette arrose champs et prés
La Sûre baigne les rochers ;
Où la Moselle, riante et belle
Nous fait cadeau du vin
C'est notre pays pour lequel
Nous risquons tout sur terre,
Notr'chère et adorable patrie
Dont notr'âme est remplie

Ô Toi aux cieux qui nuit et jour
Diriges les nations du monde ;
Écarte du pays de Luxembourg
L'oppression étrangère !
Enfants nous avons reçu de Toi
L'esprit de la liberté.
Permets au soleil de liberté
De luire à tout jamais.

Vue panoramique sur Ehnen et la Moselle

Vue panoramique sur Luxembourg

Tour de guet du marché aux poissons, Luxembourg

Nom usuel LUXEMBOURG • **Nom entier développé** GRAND-DUCHÉ DE LUXEMBOURG • **Date d'admission à l'ONU** 24 OCTOBRE 1945 • **Capitale** LUXEMBOURG • **Langues** FRANÇAIS, ALLEMAND, LUXEMBOURGEOIS • **Superficie** 2 586 KM^2 • **Population** 441 300 • **Densité de population** 175,2 HAB/KM^2 • **Monnaie nationale** EURO • **État et régime politique** MONARCHIE CONSTITUTIONNELLE, RÉGIME PARLEMENTAIRE • **Religion** CATHOLICISME • **Fête nationale** 23 JUIN (COMMÉMORATION DU JOUR ANNIVERSAIRE DU GRAND-DUC) • **Devise** NOUS VOULONS RESTER CE QUE NOUS SOMMES

LV LETTONIE

DIEVS, SVETI LATVIJU !/DIEU, BÉNIS LA LETTONIE !
Paroles de Karlis Baumanis

Bénis la Lettonie, ô Dieu,
Notre belle terre natale,
Où se tenaient les héros de la Baltique,
Veille sur elle !
(bis)

Nos belles filles sont là,
Nos chansons résonnent,
Puisse la chance nous sourire,
Honneur à la Lettonie !
(bis)

Immeuble Art déco, Riga

Riga

Parc national de Kemeri

Pont suspendu, Riga

Château de Turaida, Sigulda

Nom usuel LETTONIE • **Nom entier développé** RÉPUBLIQUE DE LETTONIE • **Date d'admission à l'ONU** 17 SEPTEMBRE 1991 • **Capitale** RIGA • **Langues** LETTON (OFF.), RUSSE • **Superficie** 64 600 KM² • **Population** 2 307 000 • **Densité de population** 35,7 HAB/KM² • **Monnaie nationale** LAT LETTON • **État et régime politique** RÉPUBLIQUE UNITAIRE, RÉGIME PARLEMENTAIRE • **Religions** LUTHÉRANISME, CATHOLICISME • **Fête nationale** 18 NOVEMBRE (INDÉPENDANCE, 1918)

LY   LIBYE

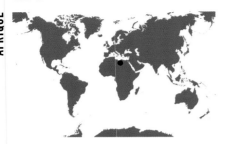

ALLAH AKBAR !/DIEU EST GRAND !
Paroles d'Abdallah Shams el-Din

Dieu est grand ! *(bis)*
Il est au-dessus des complots des agresseurs,
Et Il est le meilleur allié des opprimés.
Avec la foi et avec des armes, je défendrai mon pays
Et la lumière de la vérité brillera dans ma main.
Chantez avec moi ! *(bis)*
Dieu est grand ! *(bis)*
Dieu, Dieu, Dieu est grand !
Dieu est au-dessus des agresseurs.

Ô monde, regarde et écoute !
L'armée de l'ennemi arrive,
Qui espère me détruire.
Avec la foi et avec mon fusil, je le repousserai.

Et si je dois être tué,
Je le tuerai avec moi.
Chantez avec moi :
Malheur aux impérialistes !
Et Dieu est au-dessus du traître tyran.
Dieu est grand !
Glorifie-Le donc, ô mon pays,
Et empare-toi du front du tyran
Et détruis-le !

Massif de l'Akakaous

Place verte, Tripoli

Mosaïque, Sabratha

Leptis Magna

Lac des Daouda

Nom usuel LIBYE • **Nom entier développé** JAMAHIRIYA ARABE LIBYENNE POPULAIRE ET SOCIALISTE • **Date d'admission à l'ONU** 14 DÉCEMBRE 1955 • **Capitale** TRIPOLI • **Langue** ARABE • **Superficie** 1 759 540 KM^2 • **Population** 5 551 000 • **Densité de population** 3,2 HAB/KM^2 • **Monnaie nationale** DINAR LIBYEN • **État et régime politique** ÉTAT UNITAIRE, RÉGIME MILITAIRE • **Religion** ISLAM • **Fête nationale** 1ER SEPTEMBRE (RÉVOLUTION, 1969) • **Devise** LIBERTÉ, SOCIALISME, UNITÉ

MA MAROC

Casablanca

Tanger

Tafraoute

Marrakech

Rabat

HYMNE CHÉRIFIEN
Paroles d'Ali Squalli Houssaini

Fontaines de liberté, sources de lumière
Quand la souveraineté et la sécurité se rencontrent,
Associez toujours sécurité et souveraineté !
Vous avez vécu au cœur des nations, avec vos noms sublimes
Emplissant chaque cœur, chantés par chaque langue,
Vos champions se sont levés et ont répondu à votre appel.
Dans ma bouche et dans mon sang
Vos souffles ont éveillé la lumière et le feu.
Debout ! mes frères, allons au plus haut !
Nous disons au monde que nous sommes prêts.
Nous saluons comme nos emblèmes
Dieu, la patrie, le roi.

Nom usuel MAROC • **Nom entier développé** ROYAUME DU MAROC • **Date d'admission à l'ONU** 12 NOVEMBRE 1956 • **Capitale** RABAT • **Langues** ARABE (OFF.), BERBÈRE, FRANÇAIS • **Superficie** 446 550 KM² (SANS LE SAHARA OCCIDENTAL) • **Population** 30 566 000 • **Densité de population** 68,4 HAB/KM² • **Monnaie nationale** DIRHAM • **État et régime politique** ROYAUME, MONARCHIE CONSTITUTIONNELLE DE DROIT DIVIN • **Religion** ISLAM • **Fête nationale** 3 MARS (« FÊTE DU TRÔNE », COURONNEMENT D'HASSAN II, 1961) • **Devise** DIEU, LA PATRIE, LE ROI

MC MONACO

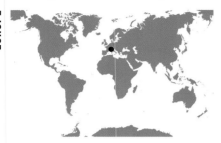

MARCHE DE MONACO
Paroles de Théophile Bellando de Castro

Principauté de Monaco, ma patrie,
Oh ! Combien Dieu est prodigue pour toi.
Ciel toujours pur, rives toujours fleuries,
Ton Souverain est plus aimé qu'un roi. *(bis)*

Fiers compagnon de la garde civique,
Respectons tous la voix du Commandant.
Suivons toujours notre bannière antique.
Le tambour bat, marchons tous en avant. *(bis)*

Oui, Monaco connut toujours des braves,
Nous sommes tous leurs dignes descendants.
En aucun temps nous ne fûmes esclaves.
Et loin de nous, régnèrent les tyrans. *(bis)*

Que le nom d'un Prince plein de clémence
Soit répété par mille et mille chants.
Nous mourons tous pour sa propre défense,
Mais après nous combattrons nos enfants. *(bis)*

Palais, de nuit

Casino, Monte-Carlo

Port Hercules

Monaco

Le Rocher

Nom usuel MONACO • **Nom entier développé** PRINCIPAUTÉ DE MONACO • **Date d'admission à l'ONU** 28 MAI 1993 • **Capitale** MONACO • **Langues** FRANÇAIS, MONÉGASQUE • **Superficie** 1,81 KM^2 • **Population** 34 400 • **Densité de population** 17 643,3 HAB/KM^2 • **Monnaie nationale** EURO • **État et régime politique** MONARCHIE, RÉGIME CONSTITUTIONNEL • **Religion** CATHOLICISME • **Fête nationale** 15 NOVEMBRE (FÊTE DU PRINCE ALBERT II) • **Devise** AVEC L'AIDE DE DIEU

MD MOLDAVIE

Monastère de Calugari, Saharna

Cathédrale Saint-Michel-et-Gavriil, Cahul

LIMBA NOASTRA/NOTRE LANGUE
Paroles d'Alexeï Mateevici

Notre langue est un trésor qui surgit
Des profondeurs sombres du passé,
Chaîne de pierres précieuses dispersées
À travers notre vieux pays.

Notre langue est une flamme brûlante
Parmi un peuple, qui s'éveille
D'un sommeil de mort, sans prévenir
Comme l'homme courageux des légendes.

Notre langue est faite de chansons
Des désirs les plus profonds de notre âme,
Lueurs d'éclairs frappant promptement
À travers les nuages sombres et les horizons bleutés.

Notre langue est la langue du pain,
Quand les vents soufflent à travers l'été ;
Poussés par nos aïeux qui
Ont béni le pays de leur travail.

Notre langue est la feuille la plus verte
Des forêts éternelles,
Les rides de la douce rivière Dniestr
Lumière cachée des étoiles, brillantes et luisantes.

Ne crions plus avec amertume
Que notre langage est trop pauvre,
Et vous verrez avec quelle abondance
Les mots submergeront notre précieux pays.

Notre langue est pleine de légendes,
D'histoires des jours anciens ;
En lire une, et puis une autre
Nous fait frissonner, trembler et gémir.

Notre langue est choisie
Pour élever les prières vers le ciel,
Prononçant avec une ferveur constante
Les vérités qui ne cessent jamais de séduire.

Notre langue est plus que sainte,
Mots des anciennes homélies,
Pour toujours pleurées et chantées
Dans les fermes de notre peuple.

Faisons revivre à nouveau notre langage,
Rouillé par les années qui ont passé,
Effaçons saleté et moisissures qui se sont formées
En l'oubliant à travers notre pays.

Rassemblons maintenant les pierres moussues
Et saisissons la lumière brillante du soleil.
Vous verrez venir une inondation
Sans fin de nouveaux mots.

Un trésor jaillira rapidement
Des profondeurs sombres du passé,
Chaîne de pierres précieuses dispersées
À travers notre vieux pays.

Artisanat, Papusi

Tipova

Cathédrale les Saints-Empereurs-Constantin-et-Elena, Balti

Nom usuel MOLDAVIE • **Nom entier développé** RÉPUBLIQUE DE MOLDAVIE OU RÉPUBLIQUE DE MOLDOVA • **Date d'admission à l'ONU** 2 MARS 1992 • **Capitale** CHISINAU • **Langues** ROUMAIN (OFF.), RUSSE • **Superficie** 33 850 KM² • **Population** 4 267 000 • **Densité de population** 126 HAB/KM² • **Monnaie nationale** LEU • **État et régime politique** RÉPUBLIQUE UNITAIRE, RÉGIME PARLEMENTAIRE • **Religion** ORTHODOXE • **Fête nationale** 27 AOÛT (INDÉPENDANCE, 1991)

MG   MADAGASCAR

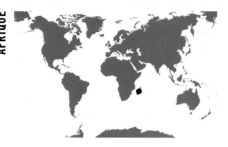

RY TANINDRAZA NAY MALALA Ô/Ô NOTRE BIEN-AIMÉE PATRIE
Paroles de Pasteur Rahajason

Ô, patrie bien-aimée
Ô, superbe Madagascar,
Notre amour pour toi ne s'éteindra jamais
Mais durera éternellement.

Ô, Seigneur créateur, bénis
Cette île de nos ancêtres,
Qu'elle puisse être heureuse et prospère
Pour le bien commun.

Ô, patrie bien-aimée
Permets-nous d'être tes serviteurs
Avec le corps, le cœur, et l'esprit
À ton cher et digne service.

Ô, Seigneur créateur, bénis
Cette île de nos ancêtres,
Qu'elle puisse être heureuse et prospère
Pour le bien commun.

Ô, patrie bien-aimée,
Que Dieu te bénisse,
Créateur de toutes les terres,
Afin qu'Il te soutienne.

Ô, Seigneur créateur, bénis
Cette île de nos ancêtres,
Qu'elle puisse être heureuse et prospère
Pour le bien commun.

Baobabs sacrés à l'est de Morondava

Ville haute d'Antananarivo

Caméléon panthère

Rizières des Haute Terres

Bateaux de pêcheurs

Nom usuel MADAGASCAR • **Nom entier développé** RÉPUBLIQUE DE MADAGASCAR • **Date d'admission à l'ONU** 20 SEPTEMBRE 1960 • **Capitale** ANTANANARIVO • **Langues** MALGACHE, FRANÇAIS • **Superficie** 587 040 KM² • **Population** 17 404 000 • **Densité de population** 29,6 HAB/KM² • **Monnaie nationale** FRANC MALGACHE • **État et régime politique** RÉPUBLIQUE UNITAIRE, RÉGIME PRÉSIDENTIEL • **Religions** CHRISTIANISME, ANIMISME • **Fête nationale** 26 JUIN (INDÉPENDANCE, 1960) • **Devise** PATRIE, LIBERTÉ, PROGRÈS

MH ÎLES MARSHALL

Artisanat

FOREVER MARSHALL ISLANDS/LES ÎLES MARSHALL POUR TOUJOURS
Paroles d'Amata Kabua

Mon île s'étend sur l'océan ;
Comme une couronne de fleurs sur la mer ;
Avec la lumière de Mekar tout au-dessus ;
Étincelante de l'éclat de ses rayons de vie ;
Création merveilleuse de Notre Père ;
Léguée à nous, notre mère patrie ;
Je ne quitterai jamais mon doux foyer ;
Dieu de nos pères, protège et bénis à jamais les îles Marshall.

Plage, île Laura

Détente à Majuro

Une île de l'archipel

Nom usuel ÎLES MARSHALL • **Nom entier développé** RÉPUBLIQUE DES ÎLES MARSHALL • **Date d'admission à l'ONU** 17 SEPTEMBRE 1991 • **Capitale** MAJURO • **Langue** ANGLAIS • **Superficie** 180 KM² • **Population** 53 000 • **Densité de population** 294,3 HAB/KM² • **Monnaie nationale** DOLLAR DES ÉTATS-UNIS • **État et régime politique** RÉPUBLIQUE INDÉPENDANTE EN LIBRE ASSOCIATION AVEC LES ÉTATS-UNIS, RÉGIME PARLEMENTAIRE • **Religion** CHRISTIANISME • **Fête nationale** 21 OCTOBRE (« COMPACT DAY » : LIBRE ASSOCIATION AVEC LES ÉTATS-UNIS, 1986)

MK MACÉDOINE

EUROPE

DESNES NAD MAKEDONIJA/AUJOURD'HUI SUR LA MACÉDOINE
Paroles de Vlado Maleski

Aujourd'hui sur la Macédoine
Se lève le soleil nouveau de la liberté !
Les Macédoniens se battent
Pour leurs droits !
Les Macédoniens se battent
Pour leurs droits !

Et de nouveau flotte
Le drapeau de la république de Krusevo !
Goce Delchev, Pitu Guli,
Dame Gruev, Sandanski !
Goce Delchev, Pitu Guli,
Dame Gruev, Sandanski !

La Macédoine boisée chante gaiement,
Nouveau chant, nouveau réveil
La libre Macédoine,
Vis libre !
La libre Macédoine,
Vis libre !

Debar

Pont de Skopje

Lac Pestani

Citadelle Samuel, Ohrid

Ljubanista

Nom usuel MACÉDOINE • **Nom entier développé** RÉPUBLIQUE DE MACÉDOINE • **Date d'admission à l'ONU** 8 AVRIL 1993 • **Capitale** SKOPJE • **Langues** MACÉDONIEN, ALBANAIS • **Superficie** 25 710 KM² • **Population** 2 056 000 • **Densité de population** 80 HAB/KM² • **Monnaie nationale** DENAR • **État et régime politique** RÉPUBLIQUE UNITAIRE. RÉGIME MULTIPARTISTE • **Religions** ORTHODOXE, ISLAM • **Fête nationale** 8 SEPTEMBRE (INDÉPENDANCE, 1991)

ML MALI

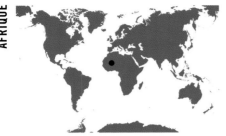

POUR L'AFRIQUE ET POUR TOI, MALI
Paroles de Seydou Badian Kouyaté

À ton appel, Mali,
Pour ta prospérité,
Fidèle à ton destin,
Nous serons tous unis.
Un peuple, un but, une foi.
Pour une Afrique unie.
Si l'ennemi découvre son front,
Au-dedans ou au-dehors
Debout sur les remparts
Nous sommes résolus de mourir.

Refrain
Pour l'Afrique et pour toi, Mali,
Notre drapeau sera liberté !
Pour l'Afrique et pour toi, Mali,
Notre combat sera unité !
Ô Mali d'aujourd'hui,
Ô Mali de demain,
Les champs fleurissent d'espérance,
Les cœurs vibrent de confiance.

L'Afrique se lève enfin :
Saluons ce jour nouveau !
Saluons la liberté,
Marchons vers l'unité.
Dignité retrouvée,
Soutiens notre combat
Fidèle à notre serment
De faire l'Afrique unie
Ensemble, debout mes frères,
Tous au rendez-vous de l'honneur.

Refrain

Debout villes et campagnes,
Debout femmes, jeunes et vieux,
Pour la patrie en marche
Vers l'avenir radieux,
Pour notre dignité
Renforçons bien nos rangs.
Pour le salut public,
Forgeons le bien commun,
Ensemble au coude à coude,
Faisons le sentier du bonheur.

Refrain

La voie est dure, très dure,
Qui mène au bonheur commun.
Courage et dévouement,
Vigilance à tout moment,
Vérité des temps anciens,
Vérité de tous les jours,
Le bonheur par le labeur
Fera le Mali de demain.

Refrain

Au bord du fleuve Niger

Village dogon

Mosquée du Djenné

Danse du Sigi

Village dogon

Nom usuel MALI • **Nom entier développé** RÉPUBLIQUE DU MALI • **Date d'admission à l'ONU** 28 SEPTEMBRE 1960 • **Capitale** BAMAKO • **Langues** FRANÇAIS (OFF.), BAMBARA, DOGON, ETC. • **Superficie** 1 240 190 KM² • **Population** 13 007 000 • **Densité de population** 10,5 HAB/KM² • **Monnaie nationale** FRANC CFA • **État et régime politique** RÉPUBLIQUE PARLEMENTAIRE, RÉGIME PRÉSIDENTIEL • **Religions** ISLAM, DIVERSES CROYANCES TRADITIONNELLES • **Fête nationale** 22 SEPTEMBRE (INDÉPENDANCE, 1960) • **Devise** UN PEUPLE, UN BUT, UNE FOI

MM BIRMANIE

GBA MAJAY BMA/NOUS AIMERONS TOUJOURS LA BIRMANIE
Paroles de Saya Tin

Nous aimerons toujours la Birmanie
Terre de nos aïeux.
Nous combattrons et donnerons nos vies
Pour notre unité.
Pour elle, nous endosserons fermement la tâche,
Debout et unis au service de notre précieux pays.

Lac Inle

Pagode Shwedayon, Rangoon

« Sleeping boudha », Rangoon

Temple bagan

Mandalay

Nom usuel BIRMANIE • **Nom entier développé** UNION DE MYANMAR • **Date d'admission à l'ONU** 19 AVRIL 1948 • **Capitale** YANGON (RANGOON) • **Langue** BIRMAN • **Superficie** 676 580 KM² • **Population** 49 485 000 • **Densité de population** 73,1 HAB/KM² • **Monnaie nationale** KYAT • **État et régime politique** UNION FÉDÉRALE, DICTATURE MILITAIRE • **Religions** BOUDDHISME, CHRISTIANISME, ISLAM • **Fête nationale** 4 JANVIER (INDÉPENDANCE, 1948) • **Devise** LE BONHEUR SE TROUVE DANS UNE VIE HARMONIEUSEMENT DISCIPLINÉE

MN MONGOLIE

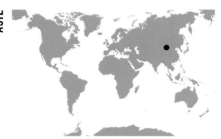

BÜGD NAIRAMDAKH MONGOL/HYMNE DES MONGOLS
Paroles de Tsendiin Damdinsüren

Notre pays révolutionnaire et sacré
Est le cœur ancestral de tous les Mongols,
Aucun ennemi ne lui infligera de défaite,
Et nous prospérerons pour l'éternité.

Notre pays renforcera ses relations
Avec tous les pays droits du monde.
Développons notre Mongolie bien-aimée
Avec toute notre volonté et notre force.

Le peuple glorieux de la courageuse Mongolie
A vaincu les souffrances et gagné le bonheur,
La clef du plaisir et la route vers le progrès.
Puisse la majestueuse Mongolie, notre pays, vivre toujours !

Notre pays révolutionnaire et sacré
Est le cœur ancestral de tous les Mongols,
Aucun ennemi ne lui infligera de défaite,
Et nous prospérerons pour l'éternité.

Stripa, région Övörkhargai

Courses de chevaux, Oulan Bator

Yourte, région Övörkhargai

Remparts du palace Bogdo Khan

Sculptures mongols, Oulan Bator

Nom usuel MONGOLIE • **Nom entier développé** MONGOLIE • **Date d'admission à l'ONU** 27 OCTOBRE 1961 • **Capitale** OULAN-BATOR • **Langues** MONGOL(OFF.), DIALECTE KAZAKH • **Superficie** 1 566 500 KM² • **Population** 2 594 000 • **Densité de population** 1,7 HAB/KM² • **Monnaie nationale** TUGRIK • **État et régime politique** RÉPUBLIQUE UNITAIRE, RÉGIME PARLEMENTAIRE • **Religion** BOUDDHISME • **Fête nationale** 11 JUILLET (FESTIVAL DE NAADAM [« JEUX »], HÉRITÉ DE LA NUIT DES TEMPS)

MR MAURITANIE

HYMNE SANS PAROLES

Village Moudjemia

Caravane de chameaux

Dunes, Nbeika

Région Nbeika

Région Atar

Oasis de Terjit

Nom usuel MAURITANIE • Nom entier développé RÉPUBLIQUE ISLAMIQUE DE MAURITANIE • Date d'admission à l'ONU 27 OCTOBRE 1961 • Capitale NOUAKCHOTT • Langues ARABE, FRANÇAIS (OFF.), DIVERS DIALECTES • Superficie 1 025 520 KM² • Population 2 893 000 • Densité de population 2,8 HAB/KM² • Monnaie nationale OUGUIYA • État et régime politique RÉPUBLIQUE UNITAIRE, RÉGIME CIVIL • Religion ISLAM • Fête nationale 28 NOVEMBRE (INDÉPENDANCE, 1960) • Devise HONNEUR, FRATERNITÉ, JUSTICE

MT MALTE

Bâteau de pêche, Luzzu

INNU MALTI/HYMN OF MALTA/HYMNE DE MALTE
Paroles de Dun Karm Psaila

Garde-la, ô Seigneur, comme Tu l'as toujours gardée
Cette patrie si chère dont nous portons le nom :
Garde-la à l'esprit comme Tu l'as si justement fait.

Puisse Celui qui dirige être empli de sagesse,
Un maître plein de pitié voit la force de l'homme augmenter :
Maintiens-nous tous dans l'unité et la paix.

Vue aérienne de l'île Gozo

Vue de la baie de Spinola, Saint-Julians

Nom usuel MALTE • **Nom entier développé** RÉPUBLIQUE DE MALTE • **Date d'admission à l'ONU** 1ER DÉCEMBRE 1964 • **Capitale** LA VALETTE • **Langues** MALTAIS, ANGLAIS (OFF.), ITALIEN • **Superficie** 316 KM^2 • **Population** 394 000 • **Densité de population** 1 246,8 HAB/KM^2 • **Monnaie nationale** LIVRE MALTAISE • **État et régime politique** RÉPUBLIQUE UNITAIRE, RÉGIME PARLEMENTAIRE • **Religion** CATHOLICISME • **Fête nationale** 21 SEPTEMBRE (INDÉPENDANCE, 1964) • **Devise** PAR LE COURAGE ET LA CONSTANCE

MU MAURICE

Jardin de Pamplemousse

Maison colorée à Port-Louis

Cultures vivrières et bananeraie

Vue aérienne

« Grand-Baie »

Port-Louis

MOTHERLAND/MÈRE PATRIE
Paroles de Jean-Georges Prosper

Gloire à toi, mère patrie,
Ô mère patrie !
Douce est ta beauté,
Doux est ton parfum,
Autour de toi nous nous rassemblons
Un seul peuple,
Une seule nation,
Pour la paix, la justice et la liberté.
Pays bien-aimé, puisse Dieu te bénir
Toujours et toujours.

Nom usuel MAURICE • **Nom entier développé** MAURICE • **Date d'admission à l'ONU** 24 AVRIL 1968 • **Capitale** PORT-LOUIS • **Langues** ANGLAIS, CRÉOLE, FRANÇAIS, LANGUES INDIENNES • **Superficie** 2 040 KM² • **Population** 1 221 000 • **Densité de population** 598,7 HAB/KM² • **Monnaie nationale** ROUPIE MAURICIENNE • **État et régime politique** RÉPUBLIQUE UNITAIRE, RÉGIME PARLEMENTAIRE • **Religions** HINDOUISME, CATHOLICISME, ISLAM • **Fête nationale** 12 MARS (INDÉPENDANCE, 1968) • **Devise** L'ÉTOILE EST LA CLEF DE L'OCÉAN INDIEN

MV   MALDIVES

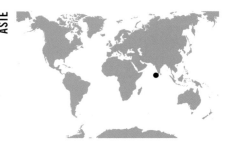

Vue aérienne de l'île Dunikolu

GAVMII MI EKUVERIKAN MATII TIBEGEN KURIIME SALAAM/
DANS L'UNITÉ NATIONALE, NOUS SALUONS NOTRE NATION
Paroles de Mohamed Jameel Didi

Dans l'unité nationale, nous saluons notre nation.
Dans notre langue nationale, nous offrons nos prières
Et saluons notre nation.

Nous nous inclinons par respect pour l'emblème de notre nation,
Nous saluons le drapeau tant vénéré.

Dans l'unité nationale, nous saluons notre nation.
Dans notre langue nationale, nous offrons nos prières
Et saluons notre nation.

Nous saluons les couleurs de notre drapeau, vert, rouge et blanc,
Qui symbolisent la victoire, la bénédiction et le succès.

Dans l'unité nationale, nous saluons notre nation.
Dans notre langue nationale, nous offrons nos prières
Et saluons notre nation.

Banc de diagrammes

Minaret de la mosquée Hukuru Miskit, Male

Plage, île Dunikolu

Nom usuel MALDIVES • **Nom entier développé** RÉPUBLIQUE DES MALDIVES • **Date d'admission à l'ONU** 21 SEPTEMBRE 1965 • **Capitale** MALE • **Langues** DIVEHI, ANGLAIS • **Superficie** 300 KM^2 • **Population** 318 000 • **Densité de population** 1 060 HAB/KM^2 • **Monnaie nationale** RUFIYAA • **État et régime politique** RÉPUBLIQUE COMPOSÉE DE DIX-NEUF « ATOLLS ADMINISTRATIFS », RÉGIME PRÉSIDENTIEL, PAS DE PARTIS • **Religion** ISLAM • **Fête nationale** 26 JUILLET (INDÉPENDANCE, 1965)

MW MALAWI

Mont Mulanje

Ô DIEU, BÉNIS NOTRE TERRE DU MALAWI/
O GOD BLESS OUR LAND OF MALAWI
Paroles de Michael Frederick Paul Sauka

Ô Dieu, bénis notre terre du Malawi,
Conserve-la comme une terre de paix.
Abats chacun de ses ennemis,
La faim, la maladie, la jalousie.
Unis nos cœurs pour n'en former qu'un seul,
Et que nous soyons libres de toute peur.
Bénis chacun de nos dirigeants,
Et notre mère Malawi.

Notre Malawi, cette terre si belle,
Fertile, brave et libre,
Avec ses lacs, l'air frais de ses montagnes,
Ô combien sommes-nous bénis.
Des collines et des vallées, un sol si riche et rare,
Nous donne une générosité gratuite.
Des bois et des forêts, des plaines si belles et si variées,
Malawi de toutes les beautés.

La liberté nous unit tous pour toujours
Pour construire le Malawi.
Avec notre amour, notre zèle et notre loyauté,
Nous lui apportons le meilleur de nous.
En temps de guerre ou en temps de paix,
Une volonté et un objectif.
Hommes et femmes désintéressés
Au service de la construction du Malawi.

Cape Maclears, lac Malawi

Réserve naturelle

Grue couronnée, Parc national Lengwe

Serval, Parc national Lengwe

Éléphant, Parc national Liwonde

Nom usuel MALAWI • **Nom entier développé** RÉPUBLIQUE DU MALAWI • **Date d'admission à l'ONU** 1ER DÉCEMBRE 1964 • **Capitale** LILONGWE • **Langues** ANGLAIS, CHICHEWA • **Superficie** 118 480 KM² • **Population** 12 105 000 • **Densité de population** 102,2 HAB/KM² • **Monnaie nationale** KWACHA • **État et régime politique** RÉPUBLIQUE UNITAIRE, RÉGIME PRÉSIDENTIEL PARLEMENTAIRE • **Religions** CHRISTIANISME, DIVERSES CROYANCES TRADITIONNELLES, ISLAM • **Fête nationale** 6 JUILLET (INDÉPENDANCE, 1964) • **Devise** UNITÉ ET LIBERTÉ

MZ MOZAMBIQUE

Bush, près du village Manica

PÁTRIA AMADA/PATRIE CHÉRIE
Paroles de Mia Conto, Albino Magaia, Salomao Manhica et Rui Nogar

Dans la mémoire de l'Afrique et du monde,
Belle patrie de ceux qui osent lutter !
Mozambique, ton nom est liberté,
Le soleil de juin brillera toujours !

Mozambique, notre glorieux pays !
Construit pierre par pierre un jour nouveau !
Des millions de bras, une seule force !
Ô patrie bien aimée, nous l'emporterons !

Peuple uni de Rovuma à Maputo,
Récoltons les fruits du combat pour la paix !
La bannière qui ondule réalise nos rêves
Et continuons d'œuvrer pour demain !

Les fleurs poussent de la terre et de ta sueur,
Dans les montagnes, dans les rivières, dans la mer !
Nous te jurons, ô Mozambique,
Qu'aucun tyran ne fera de nous des esclaves !

Bateau traditionnel, Morondova

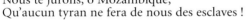
Lac à Cahora Bassa

Masque helmet

Dune de sable craquelée

Nom usuel MOZAMBIQUE • **Nom entier développé** RÉPUBLIQUE DU MOZAMBIQUE • **Date d'admission à l'ONU** 16 SEPTEMBRE 1975 • **Capitale** MAPUTO • **Langues** PORTUGAIS (OFF.), DIVERS DIALECTES • **Superficie** 801 590 KM^2 • **Population** 18 863 000 • **Densité de population** 23,5 HAB/KM^2 • **Monnaie nationale** METICAL • **État et régime politique** RÉPUBLIQUE UNITAIRE, RÉGIME PRÉSIDENTIEL • **Religions** ANIMISME, CHRISTIANISME, ISLAM • **Fête nationale** 25 JUIN (INDÉPENDANCE, 1975)

NA NAMIBIE

NAMIBIA, LAND OF THE BRAVE/NAMIBIE, TERRE DES BRAVES
Paroles d'Axali Doeseb

Namibie, terre des braves,
Nous avons gagné le combat de la liberté
Gloire à la bravoure de ceux
Dont le sang a irrigué notre liberté.
Nous donnons notre amour et notre loyauté
Tous unis !
Beauté contrastée de la Namibie,
Namibie notre pays,
Terre chérie de savanes,
Porte haut la bannière de la liberté.

Namibie notre pays !
Namibie mère patrie !
Nous t'aimons.

Baie de Walvis

Gravures pariétales, Twyfelftontein

Autruches, parc de Namib-Naukluft

Parc de Namib-Naukluft

Windhoek

Nom usuel NAMIBIE • **Nom entier développé** RÉPUBLIQUE DE NAMIBIE • **Date d'admission à l'ONU** 23 AVRIL 1990 • **Capitale** WINDHOEK • **Langues** ANGLAIS (OFF.), AFRIKAANS, OVAMBO, KHOISAN • **Superficie** 824 290 KM² • **Population** 1 987 000 • **Densité de population** 2,4 HAB/KM² • **Monnaie nationale** DOLLAR NAMIBIEN • **État et régime politique** RÉPUBLIQUE UNITAIRE, RÉGIME PARLEMENTAIRE • **Religion** CHRISTIANISME • **Fête nationale** 21 MARS (INDÉPENDANCE, 1990) • **Devise** UNITÉ, LIBERTÉ, JUSTICE

NE NIGER

LA NIGÉRIENNE
Paroles de Maurice-Albert Thiriet

Auprès du grand Niger puissant
Qui rend la nature plus belle,
Soyons fiers et reconnaissants
De notre liberté nouvelle.
Évitons les vaines querelles
Afin d'épargner notre sang,
Et que les glorieux accents
De notre race sans tutelle !
S'élèvent dans un même élan
Jusqu'à ce ciel éblouissant,
Où veille son âme éternelle
Qui fera le pays plus grand.

Refrain
Debout ! Niger ! Debout !
Que notre œuvre féconde
Rajeunisse le cœur de ce vieux continent !
Et que ce chant s'entende
Aux quatre coins du monde
Comme le cri d'un peuple équitable et vaillant !
Debout ! Niger ! Debout !
Sur le sol et sur l'onde,
Au son des tam-tams
Dans leur rythme grandissant,
Restons unis toujours,
Et que chacun réponde
À ce noble avenir
qui nous dit : " En avant ! ".

Nous retrouvons dans nos enfants
Toutes les vertus des ancêtres :
Pour lutter dans tous les instants
Elles sont notre raison d'être.
Nous affrontons le fauve traître
À peine armés le plus souvent,
Voulant subsister dignement
Sans détruire pour nous repaître.
Dans la steppe où chacun ressent
La soif, dans le Sahel brûlant,
Marchons, sans défaillance, en maîtres
Magnanimes et vigilants.

Salines, Fachi

Fleuve Niger

Salines, village traditionnel

Ruines de l'oasis Djado

Désert du Teneré

Nom usuel NIGER • **Nom entier développé** RÉPUBLIQUE DU NIGER • **Date d'admission à l'ONU** 20 SEPTEMBRE 1960 • **Capitale** NIAMEY • **Langues** FRANÇAIS (OFF.), HAOUSSA, DIVERS DIALECTES • **Superficie** 1 267 000 KM² • **Population** 11 972 000 • **Densité de population** 9,4 HAB/KM² • **Monnaie nationale** FRANC CFA • **État et régime politique** RÉPUBLIQUE UNITAIRE, RÉGIME SEMI-PRÉSIDENTIEL • **Religions** ISLAM, ANIMISME • **Fête nationale** 18 DÉCEMBRE (RÉPUBLIQUE, 1958) • **Devise** FRATERNITÉ, TRAVAIL, PROGRÈS

NG NIGERIA

ARISE, O COMPATRIOTS, NIGERIA'S CALL OBEY/
DEBOUT, Ô COMPATRIOTES, OBÉISSEZ À L'APPEL DU NIGERIA
Texte collectif de Nigérians

Debout, ô compatriotes,
Obéissez à l'appel du Nigeria
Pour servir notre mère patrie
Avec amour, force et foi.
Le labeur de nos héros passés
N'aura jamais été vain,
Pour servir avec cœur et force
Une nation tendue vers la liberté, la paix et l'unité.

Ô Dieu de la création,
Conduis notre noble cause ;
Guide nos dirigeants avec justesse :
Aide notre jeunesse à connaître la vérité,
À grandir dans l'amour et l'honnêteté,
Et à vivre juste et vrai,
Pour atteindre des grandes hauteurs,
Et construire une nation où règnent la paix et la justice.

Architecture typique du Nord

Décoration d'un mur de maison, Nokwa

Marché à Lagos

Pont à Lagos

Piments au marché d'Ibadan

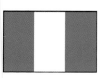

Nom usuel NIGERIA • **Nom entier développé** RÉPUBLIQUE FÉDÉRALE DU NIGERIA • **Date d'admission à l'ONU** 7 OCTOBRE 1960 • **Capitale** ABUJA • **Langues** ANGLAIS (OFF.), DEUX CENTS DIALECTES • **Superficie** 923 770 KM^2 • **Population** 124 009 000 • **Densité de population** 134,2 HAB/KM^2 • **Monnaie nationale** NAIRA • **Régime politique** RÉPUBLIQUE FÉDÉRALE, RÉGIME DÉMOCRATIQUE • **Religions** ISLAM, CHRISTIANISME, ANIMISME • **Fête nationale** 1ER OCTOBRE (RÉPUBLIQUE, 1963) • **Devise** UNITÉ ET FOI

NL PAYS-BAS

Amsterdam

WIHELMUS VAN NASSOUWE/GUILLAUME DE NASSAU
Paroles de Philip van Marnix, baron de Sainte-Aldegonde
(3 premiers couplets. Au total, 15 couplets)

Guillaume je m'appelle
Nassau des Pays-Bas
À la patrie fidèle
Toujours, jusqu'au trépas
Je suis prince d'Orange
Et reste franc sans peur
Du souverain d'Espagne
J'ai maintenu l'honneur

Je crains mon Dieu, mon Maître
L'ayant toujours servi
Je fus chassé pour être
Sans peuple, sans pays
Mais le Seigneur me traite
Comme un bon instrument
J'attends qu'il me remette
Dans mon gouvernement

L'épreuve vous oppresse
Mes bons sujets tout francs
Mais Dieu ne vous délaisse
Jamais dans vos tourments
Qui de l'aimer s'efforce
L'invoque nuit et jour
Afin que j'aie la force
De vous porter secours

Moulin, Schermerhoen

Veerse Meer

Rembrandt, *Ronde de nuit*

Champ de tulipes

264

Nom usuel PAYS-BAS • **Nom entier développé** ROYAUME DES PAYS-BAS • **Date d'admission à l'ONU** 10 DÉCEMBRE 1945 • **Capitale** AMSTERDAM • **Langue** NÉERLANDAIS • **Superficie** 41 530 KM² • **Population** 16 149 000 • **Densité de population** 388,9 HAB/KM² • **Monnaie nationale** EURO • **État et régime politique** MONARCHIE, RÉGIME PARLEMENTAIRE • **Religions** CATHOLICISME, PROTESTANTISME • **Fête nationale** 30 AVRIL (JOUR DE LA REINE) • **Devise** JE MAINTIENDRAI

NO NORVÈGE

JA, VI ELSKER DETTE LANDET/OUI, NOUS AIMONS CE PAYS
Paroles de Bjørnstjerne Biornson

Oui, nous aimons ce pays
Qui se dresse, rude, tempétueux
Au-dessus de l'océan,
Avec ses milliers de foyers.
Aime, aime-le et pense
À nos pères et à nos mères
Et aux vieux contes qui, la nuit tombée,
Amènent autant de rêves sur notre terre,
Et aux vieux contes qui, la nuit tombée,
Amènent autant de rêves sur notre terre.

Homme norvégien dans ta maison ou ton châlet,
Remercie ton grand Dieu !
Il voulait défendre son pays
Malgré l'obscurité.
Tous nos pères ont combattu
Et nos mères ont pleuré,
Notre Dieu nous a apaisés
Et nous avons gagné nos droits,
Notre Dieu nous a apaisés
Et nous avons gagné nos droits.

Oui, nous aimons ce pays
Qui se dresse, rude, tempétueux
Au-dessus de l'océan,
Avec ses milliers de foyers.
Les combats de nos pères ont magnifié
Sa richesse et son honneur,
Nous aussi, nous nous lèverons à l'appel
Armés pour défendre sa paix,
Nous aussi, nous nous lèverons à l'appel
Armés pour défendre sa paix.

Oslo

Port de Bergen

Église en bois debout, Gol

Spitzberg

Entre Tromso et Kvaenangs

Nom usuel NORVÈGE • **Nom entier développé** ROYAUME DE NORVÈGE • **Date d'admission à l'ONU** 27 NOVEMBRE 1945 • **Capitale** OSLO • **Langue** NORVÉGIEN • **Superficie** 323 880 KM² • **Population** 4 533 000 • **Densité de population** 14 HAB/KM² • **Monnaie nationale** COURONNE NORVÉGIENNE • **État et régime politique** MONARCHIE CONSTITUTIONNELLE, RÉGIME PARLEMENTAIRE • **Religion** PROTESTANTISME • **Fête nationale** 17 MAI (CONSTITUTION, 1814) • **Devise** TOUT POUR LA NORVÈGE

NP NÉPAL

SHRIMAN GAMBHIRA NEPALI/TOI, LE VAILLANT NÉPALAIS
Paroles de Sri Chakra Pani Chalise

Puisse la gloire te couronner, courageux souverain, toi, le vaillant
Népalais,
Shri Pansh Maharajadiraja, notre glorieux dirigeant,
Puisse-t-il vivre pour de nombreuses années à venir et puisse le nombre de ses sujets s'accroître.
Que chaque Népalais chante cela avec joie !

Cultures en espalier, Annapurna

Temple de Pashupatinhate, Katmandou

Pokhara

Haut Langtang

Uluktinat, Annapurna

Nom usuel NÉPAL • **Nom entier développé** ROYAUME DU NÉPAL • **Date d'admission à l'ONU** 14 DÉCEMBRE 1955 • **Capitale** KATMANDOU • **Langues** NÉPALAIS (OFF.), DIALECTE MAITHILI • **Superficie** 147 180 KM² • **Population** 25 164 000 • **Densité de population** 171 HAB/KM² • **Monnaie nationale** ROUPIE NÉPALAISE • **État et régime politique** MONARCHIE, RÉGIME PARLEMENTAIRE • **Religions** HINDOUISME, BOUDDHISME • **Fête nationale** 28 DÉCEMBRE (ANNIVERSAIRE DU ROI BIRENDRA) • **Devise** LA VÉRITÉ PRÉVAUDRA TOUJOURS

NZ NOUVELLE-ZÉLANDE

Rue de Christchurch

Pancakes, mer de Tasman

Auckland

AOTEAROA/GOD DEFEND NEW ZEALAND/DIEU, DÉFENDS LA NOUVELLE-ZÉLANDE
Paroles de Thomas Henry Smith (version maori) et de Thomas Bracken (version anglaise)

Dieu des nations ! À tes pieds
Nous nous réunissons dans les liens de l'amour,
Entends notre voix, nous te supplions,
Dieu, protège notre pays libre.
Garde la triple étoile du Pacifique
Des abîmes des conflits et de la guerre,
Fais que ses prières soient entendues de loin,
Dieu, défends la Nouvelle-Zélande.

Des hommes de toutes croyances et de toutes races,
Rassemblés ici devant Ta face,
Te demandent de bénir cet endroit,
Dieu, protège la Nouvelle-Zélande.
Des dissensions, de l'envie, de la haine,
Et de toute corruption garde notre État,
Rends notre pays bon et grand,
Dieu, défends la Nouvelle-Zélande.

La paix, non la guerre, sera notre orgueil,
Mais si l'ennemi doit assaillir nos côtes,
Fais alors de nous des hôtes terribles,
Dieu, protège la Nouvelle-Zélande.
Dieu des batailles, par Ton pouvoir,
Mets nos ennemis en fuite,
Que notre cause soit juste et droite,
Dieu, défends la Nouvelle-Zélande.

Que notre amour pour Toi augmente,
Que Ta bénédiction jamais ne cesse,
Donne-nous l'abondance, donne-nous la paix,
Dieu, protège la Nouvelle-Zélande.
Du déshonneur et de la honte
Protège le nom sans tache de notre pays,
Couronne-le d'une gloire immortelle,
Dieu, défends la Nouvelle-Zélande.

Que nos montagnes soient toujours
Des remparts de la liberté sur la mer,
Fais que nous Te soyons fidèles,
Dieu, protège la Nouvelle-Zélande.
Guide-la dans le concert des nations,
Prêchant aux hommes l'amour et la vérité,
Travaillant à Ton glorieux projet,
Dieu, défends la Nouvelle-Zélande.

Volcan Tongariro

Lac acide, Île du Nord

Nom usuel NOUVELLE-ZÉLANDE • **Nom entier développé** NOUVELLE-ZÉLANDE • **Date d'admission à l'ONU** 24 OCTOBRE 1945 • **Capitale** WELLINGTON • **Langues** ANGLAIS, MAORI • **Superficie** 270 530 KM² • **Population** 3 875 000 • **Densité de population** 14,3 HAB/KM² • **Monnaie nationale** DOLLAR NÉO-ZÉLANDAIS • **État et régime politique** ÉTAT UNITAIRE, RÉGIME PARLEMENTAIRE • **Religion** CHRISTIANISME • **Fête nationale** 6 FÉVRIER (« WAITANGI DAY », TRAITÉ D'ACCORD ENTRE MAORIS ET COLONS, 1840) • **Devise** TOUJOURS DROIT

OM OMAN

Fort Al Mirani, Mascate

NASHID AS-SALAAM AS-SULTANI/HYMNE AU SULTAN
Paroles de Rashid ibn Aziz

Ô Seigneur, protège en notre nom Sa Majesté le sultan
Et le peuple de notre pays,
Avec honneur et dans la paix.

Puisse-t-il vivre longtemps, fort et soutenu,
Que son pouvoir soit glorifié.
Pour lui nous donnerons nos vies. *(bis)*

Ô Oman, depuis le temps du Prophète,
Nous sommes un peuple dévoué parmi les Arabes les plus nobles.
Sois heureux ! Qabus est venu
Avec la bénédiction du Ciel.
Sois joyeux et recommande-le à la protection de nos prières.

Mosquée, Bahala

Dunes dans le désert

Chamelier

Palais du sultan, Mascate

Nom usuel OMAN • **Nom entier développé** SULTANAT D'OMAN • **Date d'admission à l'ONU** 7 OCTOBRE 1971 • **Capitale** MASCATE • **Langue** ARABE • **Superficie** 212 460 KM² • **Population** 2 400 000 • **Densité de population** 11,29 HAB/KM² • **Monnaie nationale** RIYAL OMANAIS • **État et régime politique** SULTANAT, MONARCHIE ABSOLUE, ÉTAT ISLAMIQUE • **Religion** ISLAM • **Fête nationale** 18 NOVEMBRE (ANNIVERSAIRE DU SULTAN QABUS)

PA PANAMÁ

HIMNO ISTEMÑO/HYMNE DE L'ISTHME
Paroles de Jerónimo de la Ossa

Refrain
Nous avons enfin obtenu la victoire
Dans le champ joyeux de l'union ;
Avec les feux ardents de la gloire
Une nouvelle nation s'illumine.

Il faut couvrir d'un voile
Le calvaire et la croix du passé ;
Et que le bleu de ton ciel soit décoré
De la splendide lumière de la concorde.
Le progrès caresse tes foyers
Au rythme d'un chant sublime,
Tu vois rugir à tes pieds les deux mers
Qui montrent la voie de ta noble mission.

Refrain

En ton sol couvert de fleurs,
Aux baisers de la terre tiède,
Les grondements des guerriers ont cessé ;
Seul règne l'amour fraternel.
En avant la pique et la pelle,
Au travail sans plus attendre,
Et nous serons ainsi maîtres et fiers
De ce monde fertile de Colomb.

Refrain

Panamà

Cargo dans le canal de Panamà

Rivière sinueuse, Comarca de San Blas

Toucan sur un *mola*

Architecture coloniale, Panamà

Nom usuel PANAMÁ • **Nom entier développé** RÉPUBLIQUE DU PANAMÁ • **Date d'admission à l'ONU** 13 NOVEMBRE 1945 • **Capitale** PANAMÁ • **Langues** ESPAGNOL (OFF.), LANGUES INDIENNES • **Superficie** 75 650 KM² • **Population** 3 000 000 • **Densité de population** 39,6 HAB/KM² • **Monnaie nationale** BALBOA • **État et régime politique** RÉPUBLIQUE UNITAIRE, RÉGIME PRÉSIDENTIEL • **Religion** CATHOLICISME • **Fête nationale** 3 NOVEMBRE (INDÉPENDANCE, 1903) • **Devise** POUR LE PLUS GRAND BIEN DU MONDE

PG PAPOUASIE-NOUVELLE-GUINÉE

Étoiles de mer bleues

O ARISE ALL YOU SONS/Ô DEBOUT, VOUS LES FILS
Paroles de Thomas Shacklady

Ô debout, vous les fils de cette terre,
Chantons notre joie d'être libre,
Priant Dieu et nous réjouissant d'être
La Papouasie-Nouvelle-Guinée.

Crie notre nom de la montagne à la mer
Papouasie-Nouvelle-Guinée ;
Élevons nos voix et proclamons
La Papouasie-Nouvelle-Guinée.

Remercions maintenant le bon Seigneur qui est au ciel
Pour Sa bonté, Sa sagesse et Son amour,
Pour ce pays de nos pères, si libre,
La Papouasie-Nouvelle-Guinée.

Crie encore pour que le monde entier entende
La Papouasie-Nouvelle-Guinée ;
Nous sommes indépendants et nous sommes libres,
La Papouasie-Nouvelle-Guinée.

Village Danis, vallée de Baliem, Irian Jaya

Maquillage de cérémonie, tribu Huli

Île Hoskin

Hanuabada, près de Port Moresby

« Maison spirituelle », Tungimbit

Nom usuel PAPOUASIE-NOUVELLE-GUINÉE • **Nom entier développé** PAPOUASIE-NOUVELLE-GUINÉE • **Date d'admission à l'ONU** 10 OCTOBRE 1975 • **Capitale** PORT MORESBY • **Langues** PIDGIN MÉLANÉSIEN, ANGLAIS, SEPT CENTS LANGUES LOCALES • **Superficie** 462 840 KM^2 • **Population** 5 711 000 • **Densité de population** 12,3 HAB/KM^2 • **Monnaie nationale** KINA • **État et régime politique** ÉTAT UNITAIRE, RÉGIME PARLEMENTAIRE • **Religions** CHRISTIANISME, CROYANCES TRADITIONNELLES • **Fête nationale** 16 DÉCEMBRE (INDÉPENDANCE, 1975)

PH PHILIPPINES

Plage sur l'île Palawan

LUPANG HINIRANG/BELOVED LAND/TERRE BIEN-AIMÉE
Paroles de José Palma

Terre adorée,
Fille du soleil d'Orient,
Son feu ardent
Est dans ton cœur.

Terre d'amour,
Berceau de l'héroïsme,
Les envahisseurs
Ne fouleront jamais ton sol !

En ton ciel d'azur, sous ta brise,
Sur terre comme sur mer,
Resplendit le poème
De ta liberté chérie.

Ta bannière qui
Dans les combats illumine la victoire
Ne verra jamais ternis
Ses étoiles ni son soleil.

Terre de bonheur, de lumière et d'amour,
Il est doux de vivre en ton sein ;
Mais c'est une gloire pour tes fils,
Quand il leur est offert de mourir pour toi.

Manille

Mont Pinatubo

Monts Chocolat

Piments

Mini bus taxi, Manille

Nom usuel PHILIPPINES • **Nom entier développé** RÉPUBLIQUE DES PHILIPPINES • **Date d'admission à l'ONU** 24 OCTOBRE 1945 • **Capitale** MANILLE • **Langues** TAGALOG, ANGLAIS • **Superficie** 300 000 KM² • **Population** 79 999 000 • **Densité de population** 266,7 HAB/KM² • **Monnaie nationale** PESO PHILIPPIN • **État et régime politique** RÉPUBLIQUE UNITAIRE, RÉGIME PRÉSIDENTIEL • **Religion** CATHOLICISME • **Fête nationale** 12 JUIN (INDÉPENDANCE, 1946) • **Devise** POUR L'AMOUR DE DIEU, DU PEUPLE, DE LA NATURE ET DU PAYS

ASIE

PK PKISTAN

PAK SARZAMIN SHADBAD/BLESSED BE THE SACRED LAND/BÉNIE SOIS-TU, TERRE SACRÉE
Paroles d'Abu al-Asar Hafeez Jullandhuri

Bénie sois-tu, terre sacrée,
Sois heureux, généreux royaume,
Symbole de grande détermination, terre du Pakistan,
Bénie sois-tu, citadelle de la foi.

Le sens de cette terre sacrée
Est la force de la fraternité des peuples.
Puissent la nation, le pays et l'État briller d'une gloire éternelle.
Béni soit le but de notre ambition.

Ce drapeau avec le croissant et l'étoile
Montre la voie du progrès et de la perfection,
Interprète de notre passé, gloire de notre présent, inspiration de notre futur,
Symbole de la protection du Tout-Puissant.

Islamabad

Tombes Chaukundi, Karachi

Jardin de Shalimar, Lahore

Abricots séchés, Garelt

Glacier Baltoro

Nom usuel PAKISTAN • **Nom entier développé** RÉPUBLIQUE ISLAMIQUE DU PAKISTAN • **Date d'admission à l'ONU** 30 SEPTEMBRE 1947 • **Capitale** ISLAMABAD • **Langues** ANGLAIS, OURDOU (OFF.), PENDJABI • **Superficie** 796 100 KM² • **Population** 153 578 000 • **Densité de population** 192,9 HAB/KM² • **Monnaie nationale** ROUPIE PAKISTANAISE • **État et régime politique** RÉPUBLIQUE FÉDÉRALE ISLAMIQUE, RÉGIME CIVIL • **Religion** ISLAM • **Fête nationale** 23 MARS (« PAKISTAN DAY », RÉPUBLIQUE, 1956) • **Devise** UNITÉ, FOI, DISCIPLINE

PT PORTUGAL

Palais de Sintra

A PORTUGESA/LA PORTUGAISE
Paroles de Henrique Lopes de Mendonça

Héros de la mer, peuple noble
Nation vaillante, immortelle,
Relevez à nouveau aujourd'hui
La splendeur du Portugal
Entre les brumes de la mémoire.
Ô Patrie, on entend la voix
De tes illustres aïeux
Qui te conduira vers la victoire !

Refrain
Aux armes, aux armes !
Sur la terre et sur la mer !
Aux armes, aux armes !
Pour la patrie il faut lutter !
Et contre les canons marcher, marcher !

Déployons l'invincible bannière
Dans la lumière vive de notre ciel
Crions à toute l'Europe et au monde entier
Que le Portugal n'est pas mort !
Notre terre heureuse est embrassée
Par l'océan qui lui parle avec amour ;
Et tes bras conquérants
Ont donné au monde de nouveaux mondes !

Refrain

Saluons le soleil qui se lève
Sur un avenir radieux ;
Laissons l'écho de l'affront
Devenir le signal de notre renaissance.
Les rayons de cette aube puissante
Sont comme les baisers d'une mère
Qui nous protège et nous soutient
Contre l'injure du destin.

Refrain

Lisbonne

Porto

Maison traditionnelle à Coimbra

Nom usuel PORTUGAL • **Nom entier développé** RÉPUBLIQUE DU PORTUGAL • **Date d'admission à l'ONU** 14 DÉCEMBRE 1955 • **Capitale** LISBONNE • **Langue** PORTUGAIS • **Superficie** 91 980 KM^2 • **Population** 10 062 000 • **Densité de population** 109,4 HAB/KM^2 • **Monnaie nationale** EURO • **État et régime politique** RÉPUBLIQUE UNITAIRE, RÉGIME PARLEMENTAIRE • **Religion** CATHOLICISME • **Fête nationale** 10 JUIN (« JOUR DE CAMOES », RÉPUBLIQUE 1910) • **Devise** POUR LE BIEN DE LA NATION

PW PALAOS

BELAU ER KID/NOTRE PALAOS
Texte collectif

Palau arrive désormais avec force et pouvoir,
Par son ancienneté, elle supporte tranquillement chaque heure.
Un pays, sûr et sans danger. Un gouvernement uni,
Sous le formidable rayonnement se tient une douce lumière.

Construisons la barrière pour protéger notre économie,
Avec courage, fidélité et rapidité.
Notre vie est ancrée à Palau, notre pays,
De toutes nos forces nous le défendrons, dans la vie comme dans la mort.

Avec détermination, joignons nos mains, unis, un,
Protection de notre patrie, depuis nos aïeux.
Occupons-nous de son harmonie, gardons-lui sa gloire
Par la paix, l'amour et la profonde dévotion du cœur.

Dieu bénisse notre pays, notre île, foyer pour toujours,
Notre doux héritage des jours anciens,
Donne-nous la force et le pouvoir et tous les droits
De la gouverner pour l'éternité.

Poisson coffre

Rock Islands

Les Sept Îles

Peintures Koror

Rock Islands

Nom usuel PALAOS • **Nom entier développé** RÉPUBLIQUE DE PALAOS • **Date d'admission à l'ONU** 15 DÉCEMBRE 1994 • **Capitale** KOROR • **Langues** ANGLAIS, PALAUAN • **Superficie** 460 KM^2 • **Population** 20 495 • **Densité de population** 44,6 HAB/KM^2 • **Monnaie nationale** DOLLAR DES ÉTATS-UNIS • **État et régime politique** RÉPUBLIQUE INDÉPENDANTE EN LIBRE ASSOCIATION AVEC LES ÉTATS-UNIS, RÉGIME PARLEMENTAIRE • **Religion** CHRISTIANISME • **Fête nationale** 9 JUILLET (CONSTITUTION, 1979)

PY PARAGUAY

Église baroque, Asunción

Vachers et leur troupeau

Chutes d'Iguaçu

Train entre Asunción et Encarnación

PARAGUAYOS, REPÚBLICA O MUERTE/PARAGUAYENS, LA RÉPUBLIQUE OU LA MORT !
Paroles de Francisco Esteban Acuña de Figueroa

Paraguayens, la république ou la mort !
Notre entrain nous a donné la liberté ;
Jamais plus d'opresseurs ni d'esclaves,
Là où règnent l'union et l'égalité.
Jamais plus d'oppresseurs ni d'esclaves,
Là où règnent l'union et l'égalité.
L'union et l'égalité, l'union et l'égalité.

Pendant trois siècles, un sceptre a opprimé
Les peuples malheureux d'Amérique,
Mais un jour, la colère surgit,
Assez ! dirent-ils, et le sceptre fut brisé.
Nos pères, se battant magnifiquement,
Illustrèrent leur gloire martiale ;
Et quand l'auguste diadème fut brisé,
Ils ont salué triomphalement de leur bonnet.
Et quand l'auguste diadème fut brisé,
Ils ont salué triomphalement de leur bonnet.

Forêt tropicale, réserve Mbaracayu

Nom usuel PARAGUAY • **Nom entier développé** RÉPUBLIQUE DU PARAGUAY • **Date d'admission à l'ONU** 24 OCTOBRE 1945 • **Capitale** ASUNCIÓN • **Langues** ESPAGNOL, GUARANI • **Superficie** 406 750 KM² • **Population** 5 878 000 • **Densité de population** 14,5 HAB/KM² • **Monnaie nationale** GUARANI • **État et régime politique** RÉPUBLIQUE UNITAIRE, RÉGIME PRÉSIDENTIEL • **Religion** CATHOLICISME • **Fête nationale** 15 MAI (INDÉPENDANCE, 1813) • **Devise** PAIX ET JUSTICE

QA QATAR

Presqu'île de Zerrit

Sculpture, corniche de Doha

Fort Al-Zubara, colline de Doha

Mer intérieure, Khor Al Udeid

Porte du musée d'Al Kout, Doha

AL-SALAM AL-AMIRI/HYMNE POUR LA PAIX
Paroles du cheikh Mubarak ibn Sayf al-Thani

Je jure par Celui qui a bâti le ciel,
Je jure par Celui qui a étendu la lumière
Que le Qatar sera toujours libre,
Porté haut par les âmes des croyants.
Marchons sur la voie de nos ancêtres
Et suivons les lumières du Prophète.
Le Qatar est la terre de nos aïeux
Qui nous ont protégés pendant les guerres,
Ils étaient des colombes en temps de paix
Et des prédateurs à l'heure du sacrifice.

Nom usuel QATAR • **Nom entier développé** ÉTAT DU QATAR • **Date d'admission à l'ONU** 21 SEPTEMBRE 1971 • **Capitale** DOHA • **Langue** ARABE • **Superficie** 11 000 KM² • **Population** 610 000 • **Densité de population** 55,5 HAB/KM² • **Monnaie nationale** RIYAL • **État et régime politique** ÉMIRAT, MONARCHIE ABSOLUE (VERS UNE MONARCHIE CONSTITUTIONNELLE) • **Religion** ISLAM • **Fête nationale** 3 SEPTEMBRE (INDÉPENDANCE, 1971)

RO ROUMANIE

Palais, Carpates

Portes de Fer, Danube

Murighiol, berger et son troupeau

Bucarest

DES TEAPTA˘-TE, ROMÂNE !/ÉVEILLE-TOI, ROUMAIN !
Paroles d'Andrei Muresanu

Éveille-toi, Roumain, de ton sommeil de mort,
Où te plongèrent les despotes criminels !
Maintenant ou jamais, forgeons un autre sort,
Qui fassent s'incliner tes ennemis cruels !

Maintenant ou jamais démontrons fièrement
Que dans nos bras coule encore le sang romain
Et que nos poitrines gardent jalousement
Un nom victorieux, héritier de Trajan !

Regardez, esprits de Michel, Étienne, Corvin,
La nation roumaine, tous vos descendants,
Les bras armés de votre courage divin,
« Vis libre ou mort ! » exigent-ils en criant.

Prêtres, haut la croix ! Car l'armée est sainte,
Sa devise, la liberté, un but sacré
Mieux vaut mourir au champ d'honneur, sans plainte,
Qu'être à nouveau esclaves en nos contrées !

Moeclu de Ios

Nom usuel ROUMANIE • **Nom entier développé** ROUMANIE • **Date d'admission à l'ONU** 14 DÉCEMBRE 1955 • **Capitale** BUCAREST • **Langue** ROUMAIN • **Superficie** 237 500 KM^2 • **Population** 21 680 974 • **Densité de population** 91,3 HAB/KM^2 • **Monnaie nationale** LEU • **État et régime politique** RÉPUBLIQUE UNITAIRE, RÉGIME PARLEMENTAIRE • **Religion** ORTHODOXE • **Fête nationale** 1ER DÉCEMBRE (UNION DES ROUMAINS EN UN SEUL ÉTAT, 1918)

RW RWANDA

AFRIQUE

RWANDA NZIZA/LE BEAU RWANDA
Paroles de Faustin Muligo

Rwanda, notre beau et cher pays
Paré de collines, de lacs et de volcans
Mère patrie, sois toujours comblée de bonheur
Nous tous tes enfants, Abanyarwanda
Chantons ton éclat et proclamons tes hauts faits,
Toi, giron maternel de nous tous,
Sois à jamais admiré, prospère et couvert d'éloges.

Précieux héritage, que Dieu te protège
Tu nous as comblés de biens inestimables,
Notre culture commune nous identifie,
Notre unique langue nous unifie,
Que notre intelligence, notre conscience et nos forces
Te comblent de richesses diversifiées
Pour un développement sans cesse renouvelé.

Nos valeureux aïeux
Se sont donnés corps et âme
Jusqu'à faire de toi une grande nation.
Tu as eu raison du joug colonialo-impérialiste
Qui a dévasté l'Afrique tout entière,
Et te voici aise de ton indépendance souveraine,
Acquis que sans cesse nous défendrons.

Maintiens ce cap, Rwanda bien-aimé,
Debout nous nous engageons pour toi
Afin que la paix règne dans tout le pays,
Que tu sois libre de toute entrave,
Que ta détermination engage le progrès,
Qu'excellent tes relations avec tous les pays
Et qu'enfin ta fierté te vaille estime.

Forêt tropicale

Parc national Virunga, Kinigi

Gorilles, Parc national des Volcans

Plantation de thé, près de Gisenyi

Marché de Cyangnu

Nom usuel RWANDA • **Nom entier développé** RÉPUBLIQUE DU RWANDA • **Date d'admission à l'ONU** 18 SEPTEMBRE 1962 • **Capitale** KIGALI • **Langues** KINYARWANDA, FRANÇAIS, ANGLAIS • **Superficie** 26 340 KM² • **Population** 8 387 000 • **Densité de population** 318,4 HAB/KM² • **Monnaie nationale** FRANC RWANDAIS • **État et régime politique** RÉPUBLIQUE UNITAIRE, RÉGIME PRÉSIDENTIEL • **Religions** CHRISTIANISME, ANIMISME • **Fête nationale** 1ᴱᴿ JUILLET (INDÉPENDANCE, 1962) • **Devise** UNITÉ, TRAVAIL, PATRIOTISME

SA ARABIE SAOUDITE

AASH AL MALIK/LONGUE VIE AU ROI
Paroles d'Ibrahim Khafaji

Dans ta marche vers la gloire et les sommets
Rends hommage au Créateur des cieux
Et lève le vert drapeau palpitant
Qui porte l'emblème de la Lumière !
Répète – Dieu est grand !
Ô ma patrie,
Ma patrie, tu as toujours vécu
Pour la gloire de tous les musulmans !
Longue vie au Roi,
Pour le drapeau et la Patrie !

Tombes de Mada'in Salih

La Mecque

Riyad

Plats peints à la main

Vieille ville de Djedda

Nom usuel ARABIE SAOUDITE • **Nom entier développé** ROYAUME D'ARABIE SAOUDITE • **Date d'admission à l'ONU** 24 OCTOBRE 1945 • **Capitale** RIYAD • **Langue** ARABE • **Superficie** 2 149 690 KM² • **Population** 24 217 000 • **Densité de population** 11,3 HAB/KM² • **Monnaie nationale** RIYAL • **État et régime politique** ROYAUME, MONARCHIE ABSOLUE • **Religion** ISLAM • **Fête nationale** 22 SEPTEMBRE (CRÉATION DU ROYAUME D'ARABIE, 1932) • **Devise** IL N'Y A DE DIEU QU'ALLAH ET MAHOMET EST SON PROPHÈTE

SB ÎLES SALOMON

Village sur l'île de Nendo

GOD SAVE OUR SOLOMON ISLANDS/DIEU SAUVE NOS ÎLES SALOMON
Paroles de Panapasa Balekana

Dieu sauve nos îles Salomon d'une côte à l'autre.
Bénis tous ses habitants et ses terres
De tes mains protectrices.
Joie, paix, progrès et prospérité ;
Que les hommes soient frères, que les nations voient
Nos îles Salomon, nos îles Salomon,
Notre nation, les îles Salomon,
Se dresse pour toujours.

Lagon

Joueurs de flûte, île Malaita

Crinides jaunes

Copquillage

Nom usuel ÎLES SALOMON • Nom entier développé ÎLES SALOMON • Date d'admission à l'ONU 19 SEPTEMBRE 1978 • Capitale HONIARA • Langues PIDGIN MÉLANÉSIEN, ANGLAIS • Superficie 28 900 KM² • Population 477 000 • Densité de population 16,5 HAB/KM² • Monnaie nationale DOLLAR DES SALOMON • État et régime politique MONARCHIE, RÉGIME CONSTITUTIONNEL • Religion CHRISTIANISME • Fête nationale 7 JUILLET (INDÉPENDANCE, 1978)

SC SEYCHELLES

AFRIQUE

KOSTE SESELWA !/SEYCHELLOIS, UNITE !/UNIS, SEYCHELLOIS !
Paroles de David François Marc André et Georges Charles Robert Payet

Seychelles, notre seule patrie
Où nous vivons dans l'harmonie,
La joie, l'amour et la paix,
Nous en remercions Dieu.
Préservons la beauté de notre pays,
La richesse de notre océan,
Un héritage précieux :
Pour le bonheur de nos enfants.
Soyons toujours unis
En hissant notre drapeau,
Ensemble, pour toute l'éternité,
Unis, Seychellois !

Mahé, Victoria

Tortues, île autour de Mahé

Victoria

Île de la Digue

Mahé, Victoria

Nom usuel SEYCHELLES • **Nom entier développé** RÉPUBLIQUE DES SEYCHELLES • **Date d'admission à l'ONU** 21 SEPTEMBRE 1976 • **Capitale** VICTORIA • **Langues** CRÉOLE, ANGLAIS, FRANÇAIS • **Superficie** 450 KM² • **Population** 81 000 • **Densité de population** 180 HAB/KM² • **Monnaie nationale** ROUPIE SEYCHELLOISE • **État et régime politique** RÉPUBLIQUE UNITAIRE, RÉGIME PRÉSIDENTIEL • **Religion** CATHOLICISME • **Fête nationale** 18 JUIN (CONSTITUTION, 1993) • **Devise** LA FIN COURONNE L'ŒUVRE

SD SOUDAN

Pyramides de Méroé

NAHNU DJUNDULLA DJUNDULWATAN/NOUS SOMMES LES SOLDATS DE DIEU
Paroles de Sayed Ahmad Muhammad Salih

Nous sommes les soldats de Dieu, les soldats de notre patrie,
Appelés au sacrifice, nous ne faiblirons pas.
En bravant la mort, les épreuves ou la douleur,
Nous paierons la gloire du prix de nos vies.
Puisse notre terre, le Soudan, vivre longtemps
En montrant le chemin à toutes les nations.
Fils du Soudan, désormais appelés à servir,
Endossez la responsabilité de protéger notre pays.

Village de Kabushiyah

Caravane, Darfour

Felouque sur le Nil

Nom usuel SOUDAN • **Nom entier développé** RÉPUBLIQUE DU SOUDAN • **Date d'admission à l'ONU** 12 NOVEMBRE 1956 • **Capitale** KHARTOUM • **Langues** ARABE (OFF.), DIVERS DIALECTES • **Superficie** 2 505 810 KM² • **Population** 33 610 000 • **Densité de population** 13,4 HAB/KM² • **Monnaie nationale** LIVRE SOUDANAISE • **État et régime politique** SYSTÈME FÉDÉRAL, DICTATURE • **Religions** ISLAM, CROYANCES TRADITIONNELLES • **Fête nationale** 1ER JANVIER (INDÉPENDANCE, 1956) • **Devise** DIEU, PEUPLE, PATRIE

SG SINGAPOUR

Boutique de fleurs, Petite Inde

MAJULAH SINGAPURA ! QIANJIN BA,XINJIAPO !/
PUISSE SINGAPOUR PROGRESSER !
Paroles de Zubir Said

Nous, peuple de Singapour,
Marchons ensemble vers le bonheur.
Notre noble aspiration est de voir
Singapour atteindre le succès.

Unissons-nous
Dans un nouvel esprit.
Proclamons ensemble
Puisse Singapour progresser ! *(bis)*

Temple chinois

Quartier colonial

Singapour, vue aérienne

Nom usuel SINGAPOUR • **Nom entier développé** RÉPUBLIQUE DE SINGAPOUR • **Date d'admission à l'ONU** 21 SEPTEMBRE 1965 • **Capitale** SINGAPOUR (CITÉ-ÉTAT) • **Langues** ANGLAIS, CHINOIS, MALAIS, TAMOUL • **Superficie** 620 KM² • **Population** 4 253 000 • **Densité de population** 6 859,4 HAB/KM² • **Monnaie nationale** DOLLAR DE SINGAPOUR • **État et régime politique** RÉPUBLIQUE UNITAIRE, RÉGIME PARLEMENTAIRE AUTORITAIRE • **Religions** BOUDDHISME, CHRISTIANISME, ISLAM, TAOÏSME, HINDOUISME • **Fête nationale** 9 AOÛT (INDÉPENDANCE, 1965) • **Devise** EN AVANT SINGAPOUR

SI SLOVÉNIE

Vielle ville, Piran

Mont Triglav

Place principale, Maxibor

ZDRAVLJICA/LE TOAST
Paroles de France Preseren

Dieu vous garde, vous Slovènes,
Nobles fleurettes très belles ;
Il n'y a pas de fille telle
Que notre sang la fille ;
Que vos fils,
Nouvelle lignée,
Soient la terreur des ennemis !

À présent, jeunes gens, trinquons
À votre santé, vous notre espoir ;
Qu'aucun poison en vous ne tue
L'amour de la patrie ;
Car après nous
Le temps vous
Appellera à la défendre vaillamment.

Vivent tous les peuples
Qui aspirent à voir le jour,
Où, là où le soleil suit son cours,
La querelle du monde sera bannie,
Où tout citoyen
Sera libre enfin,
Et pas un ennemi, mais le frontalier sera voisin.

Pour conclure, mes amis chers,
À nous-mêmes levons nos verres,
Nous, les coeurs purs aux pensées claires,
Qui sommes devenus frères.
Que nous soient données
Longue vie, santé,
Hommes de bonne volonté !

Marais salants, Secovije, Istrie

Nom usuel SLOVÉNIE • **Nom entier développé** RÉPUBLIQUE DE SLOVÉNIE • **Date d'admission à l'ONU** 22 MAI 1992 • **Capitale** LJUBLJANA • **Langue** SLOVÈNE • **Superficie** 20 250 KM² • **Population** 1 984 000 • **Densité de population** 98 HAB/KM² • **Monnaie nationale** TOLAR • **État et régime politique** RÉPUBLIQUE UNITAIRE, RÉGIME PARLEMENTAIRE • **Religion** CATHOLICISME • **Fête nationale** 25 JUIN (INDÉPENDANCE, 1991)

SK SLOVAQUIE

Vieux centre de Levoca

Bratislava

NAD TATROU SA BLYSKÁ/IL Y A DES ÉCLAIRS AU-DESSUS DES TATRAS
Paroles de Janko Matúzka

Il y a des éclairs au-dessus des Tatras, le tonnerre résonne sauvagement. *(bis)*
Laissons-les passer, mes frères, ils vont sûrement disparaître et les Slovaques revivront. *(bis)*

Cette Slovaquie, qui est à nous, a dormi jusqu'à maintenant. *(bis)*
Mais le tonnerre et les éclairs l'encouragent à reprendre vie. *(bis)*

Château de Bratislava au bord du Danube

Château de Spissky

Montagnes des Hauts Tatras

Nom usuel SLOVAQUIE • **Nom entier développé** RÉPUBLIQUE SLOVAQUE • **Date d'admission à l'ONU** 19 JANVIER 1993 • **Capitale** BRATISLAVA • **Langue** SLOVAQUE • **Superficie** 49 010 KM² • **Population** 5 402 000 • **Densité de population** 110,2 HAB/KM² • **Monnaie nationale** COURONNE SLOVAQUE • **Régime politique** RÉPUBLIQUE UNITAIRE, RÉGIME PARLEMENTAIRE • **Religion** CATHOLICISME • **Fête nationale** 1ER JANVIER (RÉPUBLIQUE, 1993)

SL SIERRA LEONE

REALM OF THE FREE/ROYAUME DES HOMMES LIBRES
Paroles de Clifford Nelson Fyle

Nous te plaçons haut, royaume des hommes libres ;
Grand est notre amour à ton égard ;
Pour toujours nous nous tenons fermement unis,
Chantant ta prière, ô terre natale.
Nous élevons haut nos cœurs et nos voix,
Les collines et les vallées renvoient nos cris en écho ;
Que la bénédiction et la paix t'appartiennent toujours,
Pays que nous aimons, notre Sierra Leone.

Unis avec une foi que la sagesse inspire,
Unis avec un zèle jamais affaibli ;
Toujours nous chercherons à honorer ton nom
À nous le travail, à toi la gloire.
Nous prions que jamais le mal ne s'abatte sur tes enfants,
Que la bénédiction et la paix viennent à nous ;
Puissions-nous donc toujours te servir,
Pays que nous aimons, notre Sierra Leone.

Nos aïeux ont répandu la connaissance et la vérité,
Guidant de puissantes nations ;
Puissante ils t'ont créée, à nous de montrer
Le bien qu'il y a en toi.
Nous engageons notre dévotion, notre force et notre volonté,
Pour défendre ta cause et défendre tes droits ;
Tout ce que nous avons t'appartient pour toujours,
Pays que nous aimons, notre Sierra Leone.

Marché, Freetown

Masque rituel

Freetown, maison créole

Freetown

Plage de Burehtown

Nom usuel SIERRA LEONE • **Nom entier développé** RÉPUBLIQUE DE SIERRA LEONE • **Date d'admission à l'ONU** 27 SEPTEMBRE 1961 • **Capitale** FREETOWN • **Langues** ANGLAIS, DIVERS DIALECTES • **Superficie** 71 740 KM² • **Population** 4 971 000 • **Densité de population** 69,3 HAB/KM² • **Monnaie nationale** LEONE • **État et régime politique** RÉPUBLIQUE UNITAIRE, RÉGIME DÉMOCRATIQUE • **Religions** ISLAM, DIVERSES CROYANCES TRADITIONNELLES, CHRISTIANISME • **Fête nationale** 27 AVRIL (INDÉPENDANCE, 1961) • **Devise** UNITÉ, LIBERTÉ, JUSTICE

SM SAINT-MARIN

HYMNE SANS PAROLES

Paysage saint-marinais

La Guaita, fort principal

Le « Palazzo publico »

Fort La Cesta

Nom usuel SAINT-MARIN • **Nom entier développé** RÉPUBLIQUE DE SAINT-MARIN • **Date d'admission à l'ONU** 2 MARS 1992 • **Capitale** SAINT-MARIN • **Langue** ITALIEN • **Superficie** 61,19 KM² • **Population** 29 748 • **Densité de population** 486,16 HAB/KM² • **Monnaie nationale** EURO • **Régime politique** RÉPUBLIQUE UNITAIRE, RÉGIME PARLEMENTAIRE • **Religion** CATHOLICISME • **Fête nationale** 3 SEPTEMBRE (NAISSANCE DE LA COMMUNAUTÉ DE SAINT-MARIN) • **Devise** ANCIENNE TERRE DE LA LIBERTÉ

SO SOMALIE

HYMNE SANS TITRE ET SANS PAROLES

Vente de tissus, Mogadiscio

Troupeau de dromadaires, Bur Acaba

Ruines, Taleh

Désert côtier

Lit de rivière asséchée

Mogadiscio

Nom usuel SOMALIE • **Nom entier développé** SOMALIE • **Date d'admission à l'ONU** 20 SEPTEMBRE 1960 • **Capitale** MOGADISCIO • **Langues** SOMALI, ARABE • **Superficie** 637 660 KM² • **Population** 9 890 000 • **Densité de population** 15,5 HAB/KM² • **Monnaie nationale** SHILLING SOMALIEN • **État et régime politique** RÉPUBLIQUE, RÉGIME TRANSITOIRE DEPUIS 1960 • **Religion** ISLAM • **Fête nationale** 1ER JUILLET (RÉPUBLIQUE, 1960)

SÃO TOMÉ ET PRÍNCIPE

INDEPENDÊNCIA TOTAL/INDÉPENDANCE TOTALE
Paroles d'Alda Neves da Graça do Espírito Santo

Indépendance totale,
Chant glorieux du peuple,
Indépendance totale,
Hymne sacré du combat.
Dynamisme
Dans le combat national,
Serment éternel
Envers le pays souverain de São Tomé et Príncipe.

Guerriers à la guerre sans armes,
Flamme vivante dans l'âme du peuple,
Rassemblant les fils des îles
Autour de la patrie immortelle.

Indépendance totale, totale et complète,
Construisant, dans le progrès et la paix,
La nation la plus heureuse du monde,
Avec les mains héroïques du peuple.

Indépendance totale,
Chant glorieux du peuple,
Indépendance totale,
Hymne sacré du combat.

Travailler, combattre, combattre et conquérir,
Nous allons de l'avant à pas de géant
Dans la croisade des peuples africains,
Brandissant le drapeau national.

Voix du peuple, présent, présent et uni,
Battement puissant au cœur de l'espoir
Être un héros à l'heure du danger,
Un héros de la nation qui resurgit.

Indépendance totale,
Chant glorieux du peuple,
Indépendance totale,
Hymne sacré du combat.

São Tomé

Cabosses

Praia dos Tamarinos

Ponta Cavingui

Nom usuel SÃO TOMÉ ET PRÍNCIPE • **Nom entier développé** RÉPUBLIQUE DÉMOCRATIQUE DE SÃO TOMÉ ET PRÍNCIPE • **Date d'admission à l'ONU** 16 SEPTEMBRE 1975 • **Capitale** SÃO TOMÉ • **Langue** PORTUGAIS • **Superficie** 960 KM^2 • **Population** 161 000 • **Densité de population** 167,3 HAB/KM^2 • **Monnaie nationale** DOBRA • **État et régime politique** RÉPUBLIQUE UNITAIRE, RÉGIME PARLEMENTAIRE • **Religion** CATHOLICISME • **Fête nationale** 12 JUILLET (INDÉPENDANCE, 1975) • **Devise** UNITÉ, DISCIPLINE, TRAVAIL

SY SYRIE

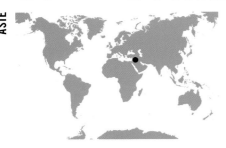

Cardo Maximus, Apanee

Le Trésor, mosquée des Omeyyades, Damas

Damas

HOMAT AL-DIYAR/GARDIENS DE LA PATRIE
Paroles de Khalil Mardam Bey

Paix sur vous, défenseurs du royaume,
Notre noble esprit ne sera jamais soumis.
Soutien de l'arabisme, sanctuaire consacré,
Siège des étoiles, protection inviolable.

Les plaines de Syrie sont des tours dont les hauteurs
Telles que le ciel au-dessus des nuages,
Une terre resplendissante aux soleils éclatants,
Devenant un autre ciel, ou presque le ciel lui-même.

Château arabe, Palmyre

Maaloula

Nom usuel SYRIE • **Nom entier développé** RÉPUBLIQUE ARABE SYRIENNE • **Date d'admission à l'ONU** 24 OCTOBRE 1945 • **Capitale** DAMAS • **Langue** ARABE • **Superficie** 185 180 KM² (INCLUANT LE PLATEAU DU GOLAN) • **Population** 19 886 452 • **Densité de population** 107,4 HAB/KM² • **Monnaie nationale** LIVRE SYRIENNE • **État et régime politique** RÉPUBLIQUE « DÉMOCRATIQUE, POPULAIRE ET SOCIALISTE », RÉGIME PRÉSIDENTIEL AUTORITAIRE • **Religion** ISLAM • **Fête nationale** 17 AVRIL (DÉPART DES FRANÇAIS, 1946) • **Devise** UNITÉ, LIBERTÉ, SOCIALISME (DEVISE DU PARTI DOMINANT, LE BAATH)

SZ SWAZILAND

Village

Havelock

Danseurs Swazi, mariage traditionnel

Drakensberg

Swazi

INGOMA YESIVE/O GOD, BESTOWER OF THE BLESSINGS OF THE SWAZI/
Ô DIEU, OBJET DES BÉNÉDICTIONS DES SWAZIS
Paroles d'Andreas Enoke Fanyana Simelane

Ô Seigneur notre Dieu, objet des bénédictions des Swazis ;
Nous Te remercions pour tant de chance ;
Nous rendons grâce et prions pour notre roi
Et pour notre beau pays, ses collines et ses rivières.

Bénis soient tous les dirigeants de notre pays ;
Force et pouvoir sont à Toi seul ;
Nous Te prions de nous accorder la sagesse sans tromperie ni méchanceté.
Garde-nous et fortifie-nous, Seigneur éternel.

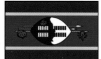

Nom usuel SWAZILAND • **Nom entier développé** ROYAUME DU SWAZILAND • **Date d'admission à l'ONU** 24 SEPTEMBRE 1968 • **Capitale** MBABANE • **Langues** ANGLAIS, SWAZI • **Superficie** 17 360 KM² • **Population** 1 077 000 • **Densité de population** 62,1 HAB/KM² • **Monnaie nationale** LILANGENI • **État et régime politique** ROYAUME, MONARCHIE ABSOLUE, AUCUN PARTI POLITIQUE • **Religions** CHRISTIANISME, DIVERSES CROYANCES TRADITIONNELLES • **Fête nationale** 6 SEPTEMBRE (INDÉPENDANCE, 1968) • **Devise** NOUS SOMMES UNE FORTERESSE

TD TCHAD

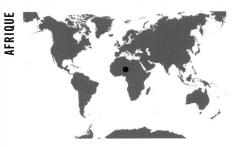

LA TCHADIENNE
Paroles de Louis Gidrol

Refrain
Peuple tchadien, debout et à l'ouvrage !
Tu as conquis la terre et ton droit ;
Ta liberté naîtra de ton courage.
Lève les yeux, l'avenir est à toi.

Ô mon Pays, que Dieu te prenne en garde,
Que tes voisins admirent tes enfants.
Joyeux, pacifique, avance en chantant,
Fidèle à tes anciens qui te regardent.

Refrain

Piroguier

Lac Tchad

Troupeau de dromadaires, Mao

Fort Lamy

Nom usuel TCHAD • **Nom entier développé** RÉPUBLIQUE DU TCHAD • **Date d'admission à l'ONU** 20 SEPTEMBRE 1960 • **Capitale** N'DJAMENA • **Langues** ARABE, FRANÇAIS (OFF.), DIVERS DIALECTES • **Superficie** 1 284 200 KM² • **Population** 8 598 000 • **Densité de population** 6,7 HAB/KM² • **Monnaie nationale** FRANC CFA • **État et régime politique** RÉPUBLIQUE, RÉGIME PRÉSIDENTIEL • **Religions** ISLAM, CHRISTIANISME, DIVERSES CROYANCES TRADITIONNELLES • **Fête nationale** 11 AOÛT (INDÉPENDANCE, 1960) • **Devise** UNITÉ, TRAVAIL, PROGRÈS

TG   TOGO

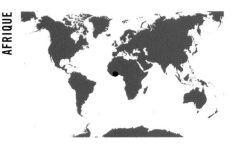

Marché de Notsé

Huttes en terre

SALUT À TOI, PAYS DE NOS AÏEUX
Paroles d'Alex Casimir-Dosseh

Salut à toi, pays de nos aïeux !
Toi qui les rendait forts, paisibles et joyeux,
Cultivant vertu, vaillance
Pour la prospérité.
Que viennent les tyrans, ton cœur soupire vers la liberté.
Togo debout ! Luttons sans défaillance,
Vainquons ou mourons, mais dans la dignité.
Grand Dieu, toi seul nous a exaltés,
Du Togo pour la prospérité,
Togolais viens !Bâtissons la cité !

Dans l'unité, nous voulons te servir,
C'est bien là de nos cœurs, le plus ardent désir.
Clamons fort notre devise
Que rien ne peut ternir.
Seuls artisans de ton bonheur ainsi que de ton avenir,
Brisons partout les chaînes, la traîtrise,
Et nous te jurons toujours fidélité,
Et aimer, servir, se dépasser,
Faire encore de toi sans nous lasser,
Togo chéri, l'or de l'humanité.

Salut, salut à l'Univers entier
Unissons nos efforts sur l'immense chantier
D'où naîtra toute nouvelle
La Grande Humanité
Partout au lieu de la misère, apportons la félicité.
Chassons du monde la haine rebelle
Finis l'esclavage et la captivité
À l'étoile de la liberté,
Renouons la solidarité
Des Nations dans la fraternité.

Hommes kota

Vallée de Tamberma

Nom usuel TOGO • **Nom entier développé** RÉPUBLIQUE DU TOGO • **Date d'admission à l'ONU** 20 SEPTEMBRE 1960 • **Capitale** LOMÉ • **Langues** FRANÇAIS (OFF.), ÉWÉ, KABIYÉ • **Superficie** 56 790 KM² • **Population** 4 909 000 • **Densité de population** 86,4 HAB/KM² • **Monnaie nationale** FRANC CFA • **État et régime politique** RÉPUBLIQUE UNITAIRE, RÉGIME PARLEMENTAIRE • **Religions** ANIMISME, CHRISTIANISME, ISLAM • **Fête nationale** 27 AVRIL (INDÉPENDANCE, 1960) • **Devise** TRAVAIL, LIBERTÉ, PATRIE

TH THAÏLANDE

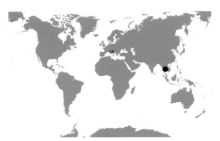

Hymne national
CHAI YO ! / HYMNE NATIONAL
Paroles de Luang Saranuprapan

La Thaïlande réunit tous les peuples de sang thaï.
Le pays entier appartient aux Thaïs.
Il a toujours maintenu sa souveraineté,
Car les Thaïs ont toujours été unis.
Les Thaïs sont des peuples pacifiques,
Mais ce ne sont pas des lâches à la guerre.
Ils ne laisseront personne leur voler leur indépendance,
Ni leur faire subir la tyrannie.
Tous les Thaïs sont prêts à donner chaque goutte de leur sang
Pour la sécurité, la liberté et le progrès de la nation.

Temple, Ayubthaya

Île de James Bond (*L'homme au pistolet d'or*), province de Fhang Mga

Parc national marin, Angthong

Chute Erawan, Kanchanaburi

Marché flottant, Damnoen Saduak, Ratbhaburi

Nom usuel THAÏLANDE • **Nom entier développé** ROYAUME DE THAÏLANDE • **Date d'admission à l'ONU** 16 DÉCEMBRE 1946 • **Capitale** BANGKOK • **Langue officielle** THAÏ • **Superficie** 513 120 KM² • **Population** 62 833 000 • **Densité de population** 122,5 HAB/KM² • **Monnaie nationale** BAHT • **État et Régime politique** MONARCHIE / RÉGIME CONSTITUTIONNEL • **Religions** BOUDDHISME / ISLAM • **Fête nationale** 5 DÉCEMBRE (ANNIVERSAIRE DU ROI BHUMIBOL) • **Devise** PATRIE, RELIGION, ROI

TADJIKISTAN

Récolte du coton

Lac turquoise, Pamir

Cavalier tadjik, Pamir

SURUDI MELHI/HYMNE NATIONAL
Paroles de Gulnazar Keldi

Notre cher pays,
Que ta fête soit célébrée pour notre bonheur,
Que ta joie, ta puissance soient indestructibles.
Nous sommes arrivés de la profondeur des temps,
Nous sommes rangés sous ton étendard,
Nous sommes rangés !
Soit vivante, ô patrie !
Mon Tadjikistan indépendant.

Pour notre honneur et notre réputation
Tu es le signe de nos ancêtres,
Tu es un monde éternel pour nos successeurs,
Que ton printemps jamais ne se fane,
Ton étreinte est un champ de fidélité
Ton étreinte,
Sois vivante, ô patrie !
Mon Tadjikistan indépendant.

Tu es la mère unique,
Ton existence est l'équilibre de nos familles,
Ta volonté est la volonté de nos corps et de nos âmes,
Tu nous donnes le plaisir éternel,
Tu existes et le monde est amitié,
Amitié.
Sois vivante, ô patrie !
Mon Tadjikistan indépendant.

Douchanbe

Nom usuel TADJIKISTAN • **Nom entier développé** RÉPUBLIQUE DU TADJIKISTAN • **Date d'admission à l'ONU** 2 MARS 1992 • **Capitale** DOUCHANBE • **Langues** TADJIK, RUSSE • **Superficie** 143 100 KM² • **Population** 6 245 000 • **Densité de population** 43,6 HAB/KM² • **Monnaie nationale** SAMANI • **État et régime politique** RÉPUBLIQUE, RÉGIME PRÉSIDENTIEL AUTORITAIRE • **Religion** ISLAM • **Fête nationale** 9 SEPTEMBRE (INDÉPENDANCE, 1991)

TL TIMOR-ORIENTAL

ASIE

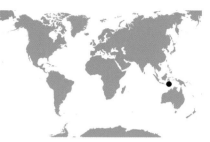

PÁTRIA ! PÁTRIA !/PATRIE ! PATRIE !
Paroles de Francisco Borja da Costa

Patrie ! Patrie ! Le Timor-Oriental est notre nation !
Gloire à notre peuple et aux héros de notre libération !
Nous avons vaincu le colonialisme, nous crions : à bas l'impérialisme !
Une terre libre, un peuple libre, non, non, non à l'exploitation.
En avant, unis fermes et décidés
Dans la lutte contre l'impérialisme, l'ennemi du peuple,
jusqu'à la victoire finale
Sur la voie de la révolution.

Guerrier en costume traditionnel, Hatu Builico

Dili

Statue du Christ, cap Fatucama

Marché de Baucau

Village de maisons en bambou

Nom usuel TIMOR-ORIENTAL • **Nom entier développé** RÉPUBLIQUE DE TIMOR-ORIENTAL • **Date d'admission à l'ONU** 27 SEPTEMBRE 2002 • **Capitale** DILI • **Langues** TETUN, PORTUGAIS • **Superficie** 14 870 KM² • **Population** 778 000 • **Densité de population** 52,3 HAB/KM² • **Monnaie nationale** DOLLAR DES ÉTATS-UNIS • **État et régime politique** RÉPUBLIQUE UNITAIRE, RÉGIME PARLEMENTAIRE • **Religion** CATHOLICISME • **Fête nationale** 28 NOVEMBRE (INDÉPENDANCE, 1975) • **Devise** HONNEUR, PATRIE ET PEUPLE

TN   TUNISIE

HIMAT AL-HIMA/LES DÉFENSEURS DE LA PATRIE
Paroles de Mustafa Sadik al-Rafii et d'Abdoul Kacem Chabbi

Ô défenseurs de la nation, allons à la rencontre de la gloire !
« Mourons, s'il le faut, mourons pour que vive la patrie ! »
Clame le sang qui coule dans nos veines.

Que n'y vive point quiconque refuse d'être au nombre de ses soldats !
Tenus par notre serment de fidélité à son égard,
Nous vivrons sur son sol dans la dignité
Ou nous mourrons, pour elle, dans la grandeur.

Sois maître de tes destinées, ô mon pays, et sois heureux !
Car il n'est point de vie pour celui qui est privé de sa souveraineté.
Mon sang bouillant et tout ce que je possède de plus cher,
Je suis prêt à en faire sacrifice pour mon pays et pour mon peuple.
Gloire à toi, Tunisie ! De la grandeur de ton peuple, demeure à jamais fière !
Regarde tes enfants se lancer, tels des lions,
À l'assaut de l'ennemi le jour du combat.

Notre héritage, parmi les nations, réside dans la force de nos bras
Des bras aussi durs que le roc des ces imposants édifices
Et qui portent haut l'étendard du pays.
Cet étendard qui fait notre fierté et qui est lui-même fier d'être porté par nous.
Des bras qui nous propulsent vers les plus hauts sommets
De la gloire et de la grandeur,
Qui nous garantissent la réalisation de nos vœux,
Qui font abattre des malheurs sur les ennemis de notre Patrie,
Mais qui sont pacifiques à l'égard de ceux qui nous veulent la paix.

Lorsqu'un peuple veut la vie, force est au destin de répondre
Aux ténèbres de se dissiper et aux chaînes de se rompre !

Ksar de Ghorfas, Médenine

Oasis de Chebika, Tozeur

Village de Sidi-bu-Saïd

Plage de Sousse

Épices

Grande mosquée de Kairouan

Nom usuel TUNISIE • **Nom entier développé** RÉPUBLIQUE TUNISIENNE • **Date d'admission à l'ONU** 12 NOVEMBRE 1956 • **Capitale** TUNIS • **Langue** ARABE • **Superficie** 163 610 KM^2 • **Population** 9 832 000 • **Densité de population** 60,1 HAB/KM^2 • **Monnaie nationale** DINAR • **État et régime politique** RÉPUBLIQUE UNITAIRE, RÉGIME PRÉSIDENTIEL • **Religion** ISLAM • **Fête nationale** 20 MARS (INDÉPENDANCE, 1956) • **Devise** LIBERTÉ, ORDRE, JUSTICE

TO TONGA

Neiafu

Village traditionnel

'E 'OTUA MAFIMAFI/OH ALMIGHTY GOD ABOVE/Ô DIEU TOUT-PUISSANT
Paroles du prince Uelingatoni Ngu Tupoumalohi

Ô Dieu tout-puissant,
Tu es notre Seigneur et notre protection,
En Ta bonté nous avons confiance,
Et notre Tonga Te donne son amour.

Entends notre prière, même ténue,
Nous savons que Tu as béni notre terre,
Accorde-nous notre plus sérieuse supplique,
Protège et sauve Tupou notre roi.

Nu'ukalofa

Palais royal

Vava'u

Nom usuel TONGA • **Nom entier développé** ROYAUME DE TONGA • **Date d'admission à l'ONU** 14 SEPTEMBRE 1999 • **Capitale** NUKU ALOFA • **Langues** TONGUIEN, ANGLAIS • **Superficie** 750 KM² • **Population** 104 000 • **Densité de population** 138,2 HAB/KM² • **Monnaie nationale** PA'ANGA • **État et régime politique** MONARCHIE HÉRÉDITAIRE, RÉGIME CONSTITUTIONNEL • **Religions** ANIMISME, CHRISTIANISME • **Fête nationale** 4 JUIN (INDÉPENDANCE, 1970) • **Devise** DIEU ET TONGA SONT MON HÉRITAGE

TR TURQUIE

Nemrut

ISTIKLAL MARSI/MARCHE DE L'INDÉPENDANCE
Paroles de Mehmet Akif Ersoy

N'aie pas peur et ne sois pas consterné, ce drapeau cramoisi ne pâlira jamais.
Et nous savons aussi qu'il ne faillira jamais.
C'est l'étoile de mon pays, qui brille pour toujours ;
C'est l'étoile de mon pays, et c'est la mienne !

Ne te fâche pas, beau croissant, car je suis prêt à mourir pour toi !
Souris à ma nation héroïque, oublie cette colère,
De crainte que le sang versé pour toi ne soit pas béni…
La liberté est le droit de ma nation, liberté pour nous qui adorons Dieu
Et cherchons ce qui est juste !

Istanbul, la basilique Sainte-Sophie

Cappadoce

Nom usuel TURQUIE • **Nom entier développé** RÉPUBLIQUE DE TURQUIE • **Date d'admission à l'ONU** 24 OCTOBRE 1945 • **Capitale** ANKARA • **Langues** TURC (OFF.), KURDE • **Superficie** 774 820 KM² • **Population** 71 325 000 • **Densité de population** 92,1 HAB/KM² • **Monnaie nationale** LIVRE TURQUE • **État et régime politique** RÉPUBLIQUE CENTRALISÉE, RÉGIME PARLEMENTAIRE • **Religion** ISLAM • **Fête nationale** 29 OCTOBRE (RÉPUBLIQUE, 1922) • **Devise** PAIX DANS LE PAYS, PAIX HORS DES FRONTIÈRES

TT TRINITÉ-ET-TOBAGO

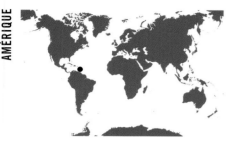

FORGED FROM THE LOVE OF LIBERTY/FORGÉS DE L'AMOUR DE LA LIBERTÉ
Paroles de Patrick Stanislaus Castagne

Forgés de l'amour de la liberté,
Dans les feux de l'espoir et de la prière,
Avec une foi illimitée dans notre destinée,
Nous déclarons solennellement :
Côte à côte nous nous tenons,
Îles de la mer bleue des Caraïbes.
C'est notre terre natale,
Nous te promettons nos vies.
Ici, chaque croyance et chaque race
Occupe une place égale,
Et puisse Dieu bénir notre nation.
Ici, chaque croyance et chaque race
Occupe une place égale,
Et puisse Dieu bénir notre nation.

Plage de Mayaro, Pierreville

Queen's Royal College, Port of Spain

Carnaval de Trinidad

Port of Spain

Rue de Trinidad

Nom usuel TRINITÉ-ET-TOBAGO • **Nom entier développé** RÉPUBLIQUE DE TRINITÉ-ET-TOBAGO • **Date d'admission à l'ONU** 18 SEPTEMBRE 1962 • **Capitale** PORT OF SPAIN • **Langues** ANGLAIS, HINDI • **Superficie** 5 130 KM^2 • **Population** 1 303 000 • **Densité de population** 253,9 HAB/KM^2 • **Monnaie nationale** DOLLAR DE TRINITÉ-ET-TOBAGO • **État et régime politique** RÉPUBLIQUE UNITAIRE, RÉGIME PARLEMENTAIRE • **Religions** CATHOLICISME, HINDOUISME • **Fête nationale** 31 AOÛT (INDÉPENDANCE, 1962) • **Devise** MÊME IDÉAL, MÊME OUVRAGE

TV TUVALU

TUVALU MO TE ATUA/TUVALU FOR THE ALMIGHTY/TUVALU POUR LE TOUT-PUISSANT
Paroles d'Afaese Manoa

« Tuvalu pour le Tout-Puissant »
Ce sont les mots qui nous sont les plus chers ;
Car aussi bien le peuple que les dirigeants
De Tuvalu, nous partageons tous
La certitude que Dieu
Règne dans le ciel,
Et que dans Sa main
Nous sommes unis dans Son amour.
Nous construisons sur de solides fondations
Lorsque nous avons confiance dans la grande loi de Dieu ;
« Tuvalu pour le Tout-Puissant »
Que cela soit notre chant pour toujours !

Remettons nos vies
Au Roi que nous prions,
Avec nos yeux fermement posés sur Lui :
Il nous montre le chemin.
« Régnons avec Lui dans la gloire »
Que cela soit notre chant pour toujours,
Car Son terrible pouvoir
Est notre force d'une côte à l'autre.
Crie tout haut, en pleine joie
Au Roi que nous adorons.
« Tuvalu libre et uni »
Que cela soit notre chant pour toujours !

Île Tualopa

Corail, îlot Tepuka Savilivili

Enfants jouant sur l'eau

Atoll Funafuti

Nom usuel TUVALU • **Nom entier développé** TUVALU • **Date d'admission à l'ONU** 5 SEPTEMBRE 2000 • **Capitale** FUNAFUTI • **Langues** TUVALUAN, ANGLAIS • **Superficie** 30 KM² • **Population** 10 600 • **Densité de population** 353,2 HAB/KM² • **Monnaie nationale** DOLLAR AUSTRALIEN • **État et régime politique** ÉTAT UNITAIRE, RÉGIME PARLEMENTAIRE • **Religion** CHRISTIANISME • **Fête nationale** 1ER OCTOBRE (INDÉPENDANCE, 1978) • **Devise** TUVALU AVEC DIEU

UA UKRAINE

CHTCHE NE VMERLA UKRAÏNA/L'UKRAINE N'EST PAS ENCORE MORTE
Paroles de Pavlo Chubynskyi

L'Ukraine n'est pas encore morte, ni sa gloire, ni sa liberté,
La chance nous sourira toujours, frères ukrainiens.
Nos ennemis mourront, comme la rosée au soleil,
Et nous aussi, frères, nous vivrons heureux sur notre terre.

Pour la liberté, nous n'épargnerons ni nos âmes ni nos corps
Et nous prouverons, frères, que nous sommes de la race des cosaques.

Levons-nous tous, frères, depuis le Sain jusqu'au Don,
Nous ne laisserons personne s'emparer de notre patrie.
La mer Noire sourira encore, le grand-père Dniepr se réjouira,
Et dans notre Ukraine, la chance nous sourira.

Pour la liberté, nous n'épargnerons ni nos âmes ni nos corps
Et nous prouverons, frères, que nous sommes de la race des cosaques.

Notre persévérance, notre labeur sincère prouveront leur justesse,
Notre puissant chant de liberté résonnera toujours à travers l'Ukraine.
Il résonnera jusqu'aux Carpates, se répandra dans les steppes
Et la gloire de l'Ukraine surgira au cœur de notre peuple.

Pour la liberté, nous n'épargnerons ni nos âmes ni nos corps
Et nous prouverons, frères, que nous sommes de la race des cosaques.

Église de la Nativité, Kiev

Château de Swalow, Yalta

Cathédrale Sainte-Sophie, Kiev

Opéra national, Kiev

Ruines de Chersonesus au bord de la mer Noire

Nom usuel UKRAINE • **Nom entier développé** UKRAINE • **Date d'admission à l'ONU** 24 OCTOBRE 1945 • **Capitale** KIEV • **Langues** UKRAINIEN (OFF.), RUSSE • **Superficie** 603 700 KM^2 • **Population** 48 523 000 • **Densité de population** 80,4 HAB/KM^2 • **Monnaie nationale** HRIVNA • **État et régime politique** RÉPUBLIQUE UNITAIRE, RÉGIME PRÉSIDENTIEL PARLEMENTAIRE • **Religion** ORTHODOXE • **Fête nationale** 24 AOÛT (INDÉPENDANCE, 1991) • **Devise** LIBERTÉ, ACCORD, BONTÉ

UG OUGANDA

AFRIQUE

Singe, Parc national Reine-Élisabeth

Port de pêche

Les Vertes Collines d'Afrique, décrites par Hemingway

Vers les chutes Bujagali

Grande mosquée de Kampala

PEARL OF AFRICA/PERLE DE L'AFRIQUE
Paroles de George Wilberforce Kakoma

Ô Ouganda ! puisse Dieu te soutenir,
Nous déposons notre futur dans tes mains.
Unis, libres,
Pour la liberté
Ensemble, nous nous tiendrons toujours.

Ô Ouganda ! terre de la liberté.
Nous donnons notre amour et notre travail,
Et en compagnie de tous nos voisins
À l'appel de notre pays
Nous vivrons en paix et dans l'amitié.

Ô Ouganda ! terre qui nous nourrit
Avec ce qui pousse sous le soleil et dans un sol fertile.
Pour notre cher pays,
Nous nous lèverons toujours.
Perle de la couronne de l'Afrique.

Nom usuel OUGANDA • **Nom entier développé** RÉPUBLIQUE DE L'OUGANDA • **Date d'admission à l'**ONU 25 OCTOBRE 1962 • **Capitale** KAMPALA • **Langues** ANGLAIS (OFF.), LUGANDA, KISWAHILI • **Superficie** 241 040 KM² • **Population** 25 827 000 • **Densité de population** 107,1 HAB/KM² • **Monnaie nationale** SHILLING OUGANDAIS • **État et régime politique** ÉTAT UNITAIRE DÉCENTRALISÉ, RÉGIME PRÉSIDENTIEL DE TYPE POPULISTE • **Religions** CHRISTIANISME, ISLAM • **Fête nationale** 9 OCTOBRE (INDÉPENDANCE, 1962) • **Devise** POUR DIEU ET MON PAYS

US   ÉTATS-UNIS

Grand Canyon

Statue de la Liberté, New York

Rue de New York

Texas

Base-ball à Baltimore

THE STAR-SPANGLED BANNER/LA BANNIÈRE ÉTOILÉE
Paroles de Francis Scott Key

Oh ! Dites-moi, voyiez-vous déjà, aux premières lumières de l'aube,
Ce que si fièrement nous saluions aux derniers rayons du crépuscule ?
Ces larges bandes et ces brillantes étoiles, dans le périlleux combat,
Sur les remparts où nous guettions et nous nous précipitions si vaillamment ?
Et la rouge lueur des fusées, et les bombes explosant dans l'air,
Nous apportaient la preuve, à travers la nuit, que notre drapeau était toujours là.
Ô dites-moi, cette bannière étoilée flotte-t-elle encore
Sur la terre de la liberté et sur la maison du brave ?

Sur le rivage, faiblement perÁu dans les ténébreuses profondeurs,
Où les hordes d'ennemis arrogants reposent dans un effrayant silence,
Qu'est-ce donc que la brise, sur ce promontoire qui domine,
Soufflant par intermittence, à moitié cache et à moitié révèle ?
Maintenant elle attrape les lueurs des premiers rayons du matin ;
Maintenant révélée en pleine gloire, elle brille dans des flots de lumière :
C'est la bannière étoilée ! Ô puisse-t-elle flotter pour longtemps
Sur la terre de la liberté et sur la maison du brave !

Et là où est ce drapeau à qui l'on prêta serment avec tant d'éloquence
Une patrie et un pays ne devraient nous laisser rien d'autre
Que le ravage de la guerre et la confusion de la bataille ?
Leur sang a lavé les souillures de leurs traces immondes.
Aucun refuge n'a pu sauver ni le mercenaire ni l'esclave
De la frayeur de la déroute et de la tristesse de la tombe :
Et la bannière étoilée ondule triomphalement
Sur la terre de la liberté et sur la maison du brave !

Ah ! Ainsi soit-il pour toujours, tant que des hommes libres se tiendront debout
Entre leur maison chérie et la désolation de la guerre !
Eh bien ! Avec la victoire et la paix, célébrons la terre du paradis préservé ;
Louons la puissance qui nous a construit une nation et nous l'a préservé.
Alors nous devons batailler, quand notre cause est juste ;
Et ainsi doit être notre devise : « En Dieu est notre confiance ».
Et la bannière étoilée flottera triomphalement !
Sur la terre de la liberté et sur la maison du brave !

Nom usuel ÉTATS-UNIS • **Nom entier développé** ÉTATS-UNIS D'AMÉRIQUE • **Date d'admission à l'ONU** 24 OCTOBRE 1945 • **Capitale** WASHINGTON • **Langue** ANGLAIS • **Superficie** 9 629 090 KM² • **Population** 294 043 000 • **Densité de population** 30,5 HAB/KM² • **Monnaie nationale** DOLLAR DES ÉTATS-UNIS • **État et régime politique** RÉPUBLIQUE FÉDÉRALE, RÉGIME PRÉSIDENTIEL • **Religions** PROTESTANTISME, CATHOLICISME • **Fête nationale** 4 JUILLET (INDÉPENDANCE, 1783) • **Devise** EN DIEU EST NOTRE CONFIANCE

UY URUGUAY

Campo

ORIENTALES, LA PATRIA O LA TUMBA !/ORIENTAUX, LA PATRIE OU LA TOMBE !
Paroles de Francesco Esteban Acuña de Figueroa

Orientaux, la patrie ou la tombe !
La liberté ou mourir avec gloire !
C'est le vœu que prononce notre cœur
Et que nous saurons accomplir avec héroïsme.

Liberté, liberté ! Orientaux,
Ce cri a sauvé la patrie !
Enflammant ses braves,
D'un sublime enthousiasme dans de féroces batailles.
Libérons !
De ce don sacré, nous avons mérité la gloire
Que tremblent les tyrans ! *(ter)*
Dans le combat nous clamerons la liberté
Et en mourant aussi, liberté !
Dans le combat nous clamerons la liberté
Et en mourant aussi, liberté !

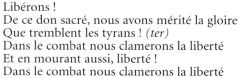

Ruelle de Port de Colonia

Architecture moderne, Montevideo

Punta del Este

Pocitas Beach, Montevideo

Nom usuel URUGUAY • **Nom entier développé** RÉPUBLIQUE ORIENTALE D'URUGUAY • **Date d'admission à l'ONU** 18 DÉCEMBRE 1945 • **Capitale** MONTEVIDEO • **Langue** ESPAGNOL • **Superficie** 176 215 KM^2 • **Population** 3 151 662 • **Densité de population** 17,8 HAB/KM^2 • **Monnaie nationale** PESO URUGUAYEN • **État et régime politique** RÉPUBLIQUE, RÉGIME PRÉSIDENTIEL • **Religion** CHRISTIANISME • **Fête nationale** 25 AOÛT (INDÉPENDANCE, 1828) • **Devise** EN LIBERTÉ, JE N'OFFENSE NI NE CRAINS

UZ OUZBÉKISTAN

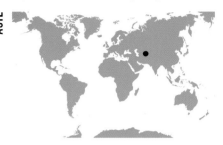

JAN OZBEKISTAN/CHER OUZBÉKISTAN
Paroles d'Abdulla Aripov

Joie et salut à toi, mon pays libre,
Aimable compagnon pour tes amis !
Prospère mon pays aimé, avec connaissance et créativité,
Puisse ta gloire exister à jamais !

Ces vallées sont dorées, cher Ouzbékistan,
L'esprit courageux de nos ancêtres est avec toi !
Quand la puissance du peuple s'épanouissait
Tu étais le pays qui charmait le monde !

La foi d'un Ouzbek au cœur pur ne meurt jamais,
Les jeunes générations libres sont nos ailes puissantes !
Phares de l'indépendance, garantes de la paix,
Prospère toujours, patrie méritante !

Ces vallées sont dorées, cher Ouzbékistan,
L'esprit courageux de nos ancêtres est avec toi !
Quand la puissance du peuple s'épanouissait
Tu étais le pays qui charmait le monde !

Registan, Samarkand

Folklore

Oulak

Steppe

Khiva

Nom usuel OUZBÉKISTAN • **Nom entier développé** RÉPUBLIQUE D'OUZBÉKISTAN • **Date d'admission à l'ONU** 2 MARS 1992 • **Capitale** TACHKENT • **Langues** OUZBEK, RUSSE, TADJIK • **Superficie** 447 400 KM² • **Population** 26 093 000 • **Densité de population** 58,3 HAB/KM² • **Monnaie nationale** SOM • **État et régime politique** RÉPUBLIQUE, RÉGIME PRÉSIDENTIEL • **Religion** ISLAM • **Fête nationale** 1ER SEPTEMBRE (INDÉPENDANCE, 1991)

SAINT-VINCENT-ET-LES-GRENADINES

AMÉRIQUE

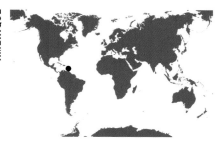

SAINT-VINCENT ! LAND SO BEAUTIFUL !/SAINT-VINCENT ! TERRE SI BELLE !
Paroles de Phyllis Joyce McClean Punnett

Saint-Vincent ! Terre si belle !
D'un cœur joyeux, nous te promettons
Notre loyauté et notre amour, et jurons
De te garder à jamais libre.

Quoi que nous apporte le futur,
Notre foi nous permettra de l'aborder.
Puisse la paix régner d'un rivage à l'autre,
Et que Dieu nous bénisse et nous garde fidèles.

Hairoun ! Notre île belle et bénie,
Tes hautes montagnes, si claires et vertes,
Sont mon foyer, bien que je puisse m'y perdre,
Un paradis, calme, serein.

Quoi que nous apporte le futur,
Notre foi nous permettra de l'aborder.
Puisse la paix régner d'un rivage à l'autre,
Et que Dieu nous bénisse et nous garde fidèles.

Nos petites îles sœurs sont
Ces joyaux, les jolies Grenadines,
Sur leurs mers et leurs sables dorés
Le soleil rayonne toujours.

Plage à Mayreau

Vue aérienne de Saint-Vincent-et-les-Grenadines

Architecture coloniale, Mustique

Bateaux de pêche, Bequia Beach

Nom usuel SAINT-VINCENT-ET-LES-GRENADINES • **Nom entier développé** SAINT-VINCENT-ET-LES-GRENADINES • **Date d'admission à l'ONU** 16 SEPTEMBRE 1980 • **Capitale** KINGSTOWN • **Langue** ANGLAIS • **Superficie** 390 KM² • **Population** 120 000 • **Densité de population** 307 HAB/KM² • **Monnaie nationale** DOLLAR DES CARAÏBES ORIENTALES • **État et régime politique** ÉTAT UNITAIRE, RÉGIME PARLEMENTAIRE • **Religion** PROTESTANTISME • **Fête nationale** 27 OCTOBRE (INDÉPENDANCE, 1979) • **Devise** PAIX ET JUSTICE

SNACKETTE AND BAR

PEPSI

© Mary Whitmer

VE VENEZUELA

GLORIA AL BRAVO PUEBLO/GLOIRE AU PEUPLE COURAGEUX
Paroles de Vicente salias

Refrain
Gloire au peuple courageux
Qui a brisé le joug
Dans le respect de la loi,
La vertu et l'honneur.

À bas les chaînes ! *(bis)*
Cria le propriétaire, *(bis)*
Et le pauvre dans sa chaumière
Demanda la liberté.
À ce saint nom,
Le vil égoïsme
Qui autrefois triompha
Trembla d'épouvante.

Refrain

Crions avec entrain : *(bis)*
Mort à l'oppression ! *(bis)*
Compatriotes fidèles,
L'union fait la force.
Et depuis l'Empyrée
Le Suprême Auteur
Insuffla au peuple
Un élan sublime.

Refrain

Unie par un lien *(bis)*
Créé du ciel, *(bis)*
L'Amérique existe
Telle une nation.
Et si le despotisme
Élève la voix,
Suivez l'exemple
Donné par Caracas.

Refrain

Nom usuel VENEZUELA • **Nom entier développé** RÉPUBLIQUE BOLIVARIENNE DU VENEZUELA • **Date d'admission à l'ONU** 15 NOVEMBRE 1945 • **Capitale** CARACAS • **Langue** ESPAGNOL • **Superficie** 910 050 KM² • **Population** 25 699 000 • **Densité de population** 28,2 HAB/KM² • **Monnaie nationale** BOLIVAR • **État et régime politique** RÉPUBLIQUE FÉDÉRALE, RÉGIME PRÉSIDENTIEL • **Religion** CATHOLICISME • **Fête nationale** 5 JUILLET (INDÉPENDANCE, 1811) • **Devise** LIBERTÉ, ÉGALITÉ, FRATERNITÉ

VIÊT NAM

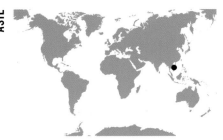

TIEN QUAN CA/MARCHE VERS LE FRONT
Paroles de Nguyên Van Cao

Soldats vietnamiens, nous allons de l'avant,
Mus par une même volonté : sauver la patrie.
Nos pas redoublés sonnent sur la route longue et rude.
Notre drapeau, rouge du sang de la victoire, porte l'âme de la nation.
Le lointain grondement des canons rythme les accents de notre marche.
Le chemin de la gloire se pave de cadavres ennemis.
Triomphant des difficultés, ensemble, nous édifions nos bases de
    résistance.
Jurons de lutter sans répit pour la cause du peuple.
Courons vers le champ de bataille !
En avant ! Tous ensemble, en avant !
Notre patrie vietnamienne est solide et durable.

Soldats vietnamiens, nous allons de l'avant, l'étoile d'or de notre
    drapeau au vent
Conduisant notre peuple et notre patrie hors de la misère et des
    souffrances.
Unissons nos efforts dans la lutte pour l'édification de la vie nouvelle.
Debout ! d'un même élan, rompons nos fers !
Depuis si longtemps, nous avons contenu notre haine !
Soyons prêts à tous les sacrifices et notre vie sera radieuse.
Jurons de lutter sans répit pour la cause du peuple.
Courons vers le champ de bataille !
En avant ! Tous ensemble, en avant !
Notre patrie vietnamienne est solide et durable.

Haipang

Temple Cao Dai, Tay Ninh

Baie d'Along

Hô Chi Minh-Ville

Rizière, My Tho

Nom usuel VIÊT NAM • **Nom entier développé** RÉPUBLIQUE SOCIALISTE DU VIÊT NAM • **Capitale** HANOI • **Langue** VIETNAMIEN • **Date d'admission à l'ONU** 20 SEPTEMBRE 1977 • **Superficie** 331 690 KM² • **Population** 81 377 000 • **Densité de population** 245,3 HAB/KM² • **Monnaie nationale** DONG • **État et régime politique** RÉPUBLIQUE, RÉGIME COMMUNISTE, PARTI UNIQUE • **Religions** BOUDDHISME, TAOÏSME • **Fête nationale** 2 SEPTEMBRE (INDÉPENDANCE, 1945) • **Devise** INDÉPENDANCE, LIBERTÉ, BONHEUR

VU VANUATU

YUMI, YUMI, YUMI/WE, WE, WE/NOUS, NOUS, NOUS
Paroles de François Vincent Ayssav

Nous sommes heureux de proclamer
Nous sommes le peuple de Vanuatu !

Dieu nous a donné cette terre ;
C'est une grande raison de nous réjouir.
Nous sommes forts, nous sommes libres sur cette terre ;
Nous sommes tous frères.

Nous sommes heureux de proclamer
Nous sommes le peuple de Vanuatu !

Nous avons de nombreuses traditions
Et nous trouvons de nouvelles voies.
Désormais, nous serons un seul peuple,
Nous serons unis pour toujours.

Nous sommes heureux de proclamer
Nous sommes le peuple de Vanuatu !

Nous savons qu'il y a beaucoup de travail à faire
Sur toutes nos îles.
Puisse Dieu, Notre Père, nous aider !

Nous sommes heureux de proclamer
Nous sommes le peuple de Vanuatu !

Masque en crâne humain

Volcan Yassur, île Tanna

Île Ambrym

Plage champagne, près de Luganville

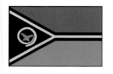

Nom usuel VANUATU • **Nom entier développé** RÉPUBLIQUE DE VANUATU • **Date d'admission à l'ONU** 15 SEPTEMBRE 1981 • **Capitale** PORT-VILA • **Langues** ANGLAIS, BICHLAMAR, FRANÇAIS • **Superficie** 12 190 KM² • **Population** 212 000 • **Densité de population** 17,4 HAB/KM² • **Monnaie nationale** VATU • **État et régime politique** RÉPUBLIQUE UNITAIRE, RÉGIME PARLEMENTAIRE • **Religions** CHRISTIANISME, CROYANCES COUTUMIÈRES • **Fête nationale** 30 JUILLET (INDÉPENDANCE, 1980) • **Devise** AVEC DIEU NOUS DEMEURONS

WS SAMOA

SAMOA TULA'I/THE BANNER OF FREEDOM/LA BANNIÈRE DE LA LIBERTÉ
Paroles de Sauni Iiga Kuresa

Samoa, debout et brandis ta bannière qui est aussi ta couronne !
Oh ! vois et admire les étoiles sur le drapeau qui flotte !
Elles sont le signe que Samoa peut se gouverner.
Oh ! Samoa, tiens bon
Ta liberté pour toujours !
N'aie pas peur, car tu es fondée sur Dieu ;
Notre précieuse liberté chérie.
Samoa, debout et brandis
Ta bannière qui est aussi ta couronne !

Cathédrale d'Apia

Tatouages traditionnels

Lalomanu Beach, Upolu

Chutes Mu Pagoa, Savaii

Marché central d'Apia

Nom usuel SAMOA • **Nom entier développé** ÉTAT INDÉPENDANT DES SAMOA • **Date d'admission à l'ONU** 15 DÉCEMBRE 1976 • **Capitale** APIA • **Langues** ANGLAIS, SAMOAN • **Superficie** 2 850 KM² • **Population** 178 000 • **Densité de population** 62,7 HAB/KM² • **Monnaie nationale** TALA • **État et régime politique** MONARCHIE CONSTITUTIONNELLE, RÉGIME PARLEMENTAIRE • **Religions** CHRISTIANISME, PROTESTANTISME • **Fête nationale** 1ER JUIN (INDÉPENDANCE, 1962) • **Devise** PUISSE DIEU ÊTRE L'ASSISE DES SAMOA

YE YÉMEN

HYMNE SANS TITRE
Paroles d'Abdullah Abdul Wahab No'man

Ô monde, reprends ma chanson,
Fais-la retentir encore et encore,
Rappelle, à travers ma joie, chaque martyr,
Habille-le avec les vêtements
Les plus étincelants de nos fêtes.
Ô monde, reprends ma chanson.
Dans la foi et dans l'amour, je fais partie de l'humanité.
Un Arabe je suis, dans toute ma vie,
Mon cœur bat au rythme du Yémen.
Aucun étranger ne dominera jamais le Yémen.

Sanaa, mosquée du XVᵉ siècle

Environs de Moka, ancienne capitale du café

Mukalla, Hadramaout

Wadi Hadramawt, vue aérienne

Sanaa, capitale du Yémen, vieille ville

Nom usuel YÉMEN • Nom entier développé RÉPUBLIQUE DU YÉMEN • Date d'admission à l'ONU 30 SEPTEMBRE 1947 • Capitale SANAA • Langue ARABE • Superficie 527 970 KM² • Population 20 010 000 • Densité de population 37,9 HAB/KM² • Monnaie nationale RIYAL • État et régime politique RÉPUBLIQUE, RÉGIME PRÉSIDENTIEL • Religion ISLAM • Fête nationale 22 MAI (UNIFICATION YÉMEN DU SUD ET YÉMEN DU NORD, 1990) • Devise ALLAH, LA PATRIE, LA RÉVOLUTION

YU SERBIE-ET-MONTÉNÉGRO

Sveti Stefan

Monastère Ostog, Cetinje

Hymne serbe
BOZE PRAVDE/DIEU DE JUSTICE
Paroles de Jovan Doordevic

Dieu de justice, Toi qui nous as sauvés
Quand tu as entendu les voix de Tes enfants serbes,
Plongés dans un profond esclavage
Comme par le passé, sois notre sauveur.

Soutiens-nous de Ta main puissante,
Apaise notre rude chemin.
Dieu, notre espoir, protège et chéris
Les terres serbes et le peuple de Serbie !

Resserre les liens qui nous unissent
Apprends-nous l'amour indéfectible,
Puisse la folle haine de la discorde
Ne jamais s'imposer parmi nous.

Que les fruits dorés de l'unité
Décorent notre jeune arbre de liberté
Dieu, notre Maître ! Guide et fais prospérer
Les terres serbes et le peuple de Serbie !

Seigneur ! Détourne de nous Ta vengeance,
Tonnerre de Ta redoutable colère ;
Bénis chaque ville et chaque hameau serbe,
Chaque montagne, chaque prairie, chaque cœur
et chaque flèche.

Quand nous partons au combat
Pour étreindre la mort ou la victoire
Dieu des armées, sois notre Chef
Renforce alors la race serbe !

Sur nos tombeaux d'éternité,
Perce l'aube de la résurrection.
Se relevant de l'esclavage le plus extrême
La Serbie nouvelle est née.

Pendant cinq cents ans
Nous nous sommes agenouillés devant Toi,
Délivre Ô Dieu, tous nos proches
Te supplie la race serbe !

Hymne monténégrin
OJ SVIJETLA MAJSKA ZORO/
Ô BRILLANTE AUBE DE MAI
Paroles de Sekula Drljevic

Ô brillante aube de Mai,
Notre mère le Monténégro.
Nous sommes fils de tes montagnes
Et gardiens de ta probité.

Nous t'aimons, avec tes monts rocheux
Et tes gorges encaissées
Qui ne connaîtront jamais
Les chaînes honteuses de l'esclavage.

Le mont Lovcen est notre autel sacré.
Nous lui avons toujours été fidèles
Nous croyons en lui
Et puisons notre fierté en lui.

Alors que notre unité
Donne des ailes à la cause du Lovcen
Elle sera fière, elle sera renommée
Notre chère Patrie.

Les gardiennes de notre liberté
Sont nos collines, nos montagnes
Tandis que le pays est réchauffé par le soleil
Tandis que le peuple se bat.

Nos vagues forment un fleuve
Se jetant dans deux mers,
Et portant jusqu'à l'Océan le message
Que le Monténégro durera pour l'éternité.

Monastère Notre-Dame-des-Rochers, Kotor

Belgrade

Nom usuel SERBIE-ET-MONTÉNÉGRO • **Nom entier développé** SERBIE-ET-MONTÉNÉGRO • **Date d'admission à l'ONU** 1ER NOVEMBRE 2000 • **Capitale** BELGRADE • **Langue** SERBE • **Superficie** 102 200 KM² • **Population** 10 527 000 • **Densité de population** 103 HAB/KM² • **Monnaie nationale** NOUVEAU DINAR • **État et régime politique** RÉPUBLIQUE, RÉGIME PARLEMENTAIRE • **Religions** ORTHODOXE, ISLAM • **Fête nationale** 29 NOVEMBRE (RÉPUBLIQUE FÉDÉRALE DE YOUGOSLAVIE, 1945)

ZA   AFRIQUE DU SUD

NKOSI SIKELEL IAFRIKA/DIEU BÉNISSE L'AFRIQUE
Paroles d'Enoch Mankayi SONTONGA et de Cornelius Jacob LANGENHOVEN

Dieu bénisse l'Afrique,
Puisse sa corne s'élever vers les cieux,
Que Dieu entende nos prières
Et nous bénisse, nous Ses enfants d'Afrique

Que Dieu bénisse notre nation,
Et qu'il supprime toute guerre et toute souffrance,
Préservez, préservez notre nation,
Préservez notre nation sud-africaine, l'Afrique du Sud.

Résonnant depuis nos cieux d'azur,
Et nos mers profondes,
Au-delà de nos monts éternels,
Où rebondit l'écho,

Retentit l'appel à l'unité,
Et c'est unis que nous serons,
Vivons et luttons pour que la liberté
Triomphe en Afrique du Sud, notre nation.

Signal Hill

Botshabelo, village ndebele

Pointe du Cap

La Route des vins

Le Cap, Malaysian District

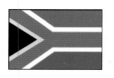

Nom usuel AFRIQUE DU SUD • **Nom entier développé** RÉPUBLIQUE D'AFRIQUE DU SUD • **Date d'admission à l'ONU** 7 NOVEMBRE 1945 • **Capitale** PRETORIA • **Langues** ZOULOU, XHOSA, AFRIKAANS, SOTHO DU NORD, ANGLAIS, TSWANA, SOTHO DU SUD, TSONGA, VENDA, SWAZI, NDEBELE (INSCRITES DANS LA CONSTITUTION) • **Superficie** 1 221 040 KM^2 • **Population** 45 026 000 • **Densité de population** 36,9 HAB/KM^2 • **Monnaie nationale** RAND • **État et régime politique** RÉPUBLIQUE UNITAIRE COMPOSÉE DE NEUF PROVINCES, RÉGIME MIXTE PRÉSIDENTIEL-PARLEMENTAIRE • **Religions** CHRISTIANISME, ISLAM, DIVERSES CROYANCES TRADITIONNELLES • **Fête nationale** 27 AVRIL (« FREEDOM DAY », PREMIÈRES ÉLECTIONS MULTIRACIALES, 1994) • **Devise** L'UNION FAIT LA FORCE

ZM ZAMBIE

AFRIQUE

LUMBANYENI ZAMBIA/DEBOUT ET CHANTEZ LA ZAMBIE/
STAND AND SING OF ZAMBIA, PROUD AND FREE
Texte collectif

Debout et chantez la Zambie, fière et libre,
Pays de labeur et de joie dans l'unité,
Victorieux dans la lutte pour le droit,
Nous avons gagné le combat de la liberté.
Tous unis, forts et libres.

L'Afrique est notre mère patrie,
Façonnée et bénie par la bonne main de Dieu,
Que tous ses peuples se réunissent,
Frères sous le soleil.
Tous unis, forts et libres.

Une terre et une nation, voilà notre cri,
Dignité et paix sous le ciel de Zambie,
Comme notre noble aigle dans son vol,
La Zambie t'adresse sa prière.
Tous unis, forts et libres.

Que Dieu soit loué.
Qu'Il soit loué, qu'Il soit loué, qu'Il soit loué,
Qu'Il bénisse notre grande nation,
Zambie, Zambie, Zambie.
En hommes libres nous nous dressons
Sous le drapeau de notre pays.
La Zambie t'adresse sa prière !
Tous unis, forts et libres.

Parc national Taranyite

Champ d'œillets

Costumes pour une cérémonie d'initiation

Troupeau d'impalas

Village près de Kafue

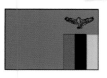

Nom usuel ZAMBIE • **Nom entier développé** RÉPUBLIQUE DE ZAMBIE • **Date d'admission à l'ONU** 1ER DÉCEMBRE 1964 • **Capitale** LUSAKA • **Langues** ANGLAIS (OFF.), LANGUES BANTOUES • **Superficie** 752 610 KM^2 • **Population** 10 812 000 • **Densité de population** 14,4 HAB/KM^2 • **Monnaie nationale** KWACHA • **État et régime politique** RÉPUBLIQUE UNITAIRE, RÉGIME PRÉSIDENTIEL • **Religions** CHRISTIANISME, DIVERSES CROYANCES TRADITIONNELLES • **Fête nationale** 24 OCTOBRE (INDÉPENDANCE, 1964) • **Devise** UNE SEULE ZAMBIE, UNE SEULE NATION

ZW ZIMBABWE

SIMUDZAI MUREZA WEDU WEZIMBABWE/BÉNIE SOIT LA TERRE DU ZIMBABWE/
BLESSED BE THE LAND OF ZIMBABWE/KALIBUSISWE ILIZWE LEZIMBABWE
Paroles de Solomon Mutswairo

Portez haut la bannière, le drapeau du Zimbabwe
Symbole de la victoire proclamée de la liberté ;
Nous louons le sacrifice de nos héros,
Et jurons de protéger notre pays de l'ennemi ;
Et puisse le Tout-Puissant protéger et bénir notre pays.

Ô beau Zimbabwe, si magnifiquement orné
Avec des montagnes, des rivières qui coulent librement en cascade ;
Puisse la pluie abonder et fertiliser les champs ;
Que nous soyons nourris, notre travail béni ;
Et puisse le Tout-Puissant protéger et bénir notre pays.

Ô Dieu, nous T'implorons de bénir notre pays natal ;
La terre de nos pères dont nous sommes tous dépositaires ;
Du Zambèze au Limpopo
Puissent nos gouvernants être exemplaires ;
Et puisse le Tout-Puissant protéger et bénir notre pays.

Zèbres

Parc du Mapoto

Éléphants

Chutes Victoria

Nom usuel ZIMBABWE • **Nom entier développé** RÉPUBLIQUE DU ZIMBABWE • **Date d'admission à l'ONU** 25 AOÛT 1980 • **Capitale** HARARE • **Langues** ANGLAIS, SHONA, NDEBELE • **Superficie** 390 760 KM² • **Population** 12 891 000 • **Densité de population** 33 HAB/KM² • **Monnaie nationale** DOLLAR ZIMBABWE • **État et régime politique** RÉPUBLIQUE UNITAIRE, RÉGIME PRÉSIDENTIEL • **Religions** CHRISTIANISME, ANIMISME • **Fête nationale** 18 AVRIL (INDÉPENDANCE, 1980) • **Devise** UNITÉ, LIBERTÉ, TRAVAIL

CANADA

ÉTATS-UNIS

MEXIQUE

BAHAMAS

CUBA

JAMAÏQUE HAÏTI
BELIZE RÉPUBLIQUE
GUATEMALA HONDURAS DOMINICAINE
SALVADOR NICARAGUA
COSTA RICA TRINITÉ-ET-TOBAGO
PANAMA
VENEZUELA
SURINAME
COLOMBIE GUYANA

ÉQUATEUR

BRÉSIL

PÉROU

BOLIVIE

PARAGUAY

URUGUAY

CHILI ARGENTINE

Océan
Atlantique

ISLANDE

ROYAUME-
UNI

IRLANDE

FRA

ANDOF
PORTUGAL ESPAGNE

MAROC
ALG

MAURITANIE MALI

CAP-VERT
SÉNÉGAL
GAMBIE BURKINA
GUINÉE FASO
GUINÉE-BISSAU
SIERRA CÔTE
LÉONE D'IVOIRE GHANA
LIBERIA

Océan
Pacifique